看见

看不见的

世界

〔日〕伊藤亚纱

著

ITO
ASA

徐嘉忆 黎晓言

译

南海出版公司

新经典文化股份有限公司
www.readinglife.com
出 品

目の見えない人は
世界をどう見ているのか

"看不见"并不是缺陷,而是在大脑中打开了一扇新的大门。这本书拥有精彩的主题和内容,那带有温度的叙述尤其动人。我们迎来了一位令人惊叹的作家。

——福冈伸一

目录

Contents

推荐序
"心"鲜的世界　陶勇 // i

前言 // vii

本书的主要登场人物 // xi

序　章 —————————— 1
如何看见"看不见的世界"

第一章 —————————— 27
空　间　　看得见的人是二维思维，
　　　　　看不见的人是三维思维？

第二章 ——————— 59
感 觉 用手阅读，用耳朵望

第三章 ——————— 93
运 动 看不见的人如何利用身体

第四章 ——————— 127
语 言 用他人之眼看

第五章 ——————— 161
幽 默 活下去的武器

谢辞 ——————— 185

推荐序

"心"鲜的世界

陶勇

如果做一道填空题,花是____的。你会如何回答?

睁开眼睛,仿佛置身公园,眼前浮现出姹紫嫣红的鲜花,我们会说,花是美的。

闭上眼睛,深吸一口,浓郁的芬芳沁人心脾,我们会说,花是香的。

轻轻地抚上花瓣,顺滑而又层层叠叠,感觉仿佛细沙,又好似泉水,我们会说,花是柔的。

长期处于黑暗中的视障人士,会如何回答?我们想当然地以为,他们的答案会和我们相近。

其实不然。

闻名于世的盲聋女作家、教育家海伦·凯勒因为残障而自幼不能看、不能听、不能说，于她而言，整个世界都是抽象而无法描述的。照顾她的莎莉文老师用纤细的手指蘸上冰凉的水，在她的掌心中一笔一画地写上W-A-T-E-R（"水"的英文单词），一遍又一遍地重复。于是，海伦·凯勒的心中，对于这种凉凉的、可蒸发的液体，便有了一个定义——WATER（水）。

海伦·凯勒的眼睛看不到水的影像，海伦·凯勒的内心却感受到水这样一个调皮的东西，似乎在和她捉迷藏，给她带来清凉的感觉，又默默地消失。

究竟视障者如何定义他们的世界？《看见看不见的世界》这本书的作者伊藤亚纱女士从空间、感觉、运动、语言和幽默五个主题进行了介绍，她通过和视障者在不同生活场景下的互动交流，为我们展现了"世界的另一种样子"，一个明眼人未曾见过的、有意思的新世界。

这本书的主题是帮助大众理解视障人士如何认知世界。

通过双眼，我们可以看见，这是生命对于我们的恩赐。想象一个生活场景：一只蚊子嗡嗡地飞过，你立即发现，连续追踪，最终锁定蚊子停在墙上，你轻轻向前，锁定蚊子的位置，然后挥出手掌，一击致命。这样一个你习以为常的简单动作，其实包含了极其复杂的视觉追踪原理，只有经过亿万年进化的人类，才能同时运用"自动锁定的双眼聚焦、高达120度的共同视野、精确的立体视觉"来完成这一动作。我们不仅用双眼来驱动行为，也用它来获取了八成以上的信息，它就像一个永远在工作的高清智能摄像机，和大脑一起，拍摄、分析、处理海量的信息。读书学习时，双眼帮我们输入知识；看到鲜花时，我们会凑上去闻一闻花香；发现危险时，我们会立刻知道要逃跑；可以说，人类之所以能为万物之灵，眼睛厥功至伟。

眼睛，是人类亿万年来进化出的最伟大的器官，我们明眼人生来就拥有光明，遗憾的是，并非所有人都如此幸运。我做了20年眼科医生，每天面临的就是患者眼前的光明或黑暗，深知健康的双眼承载着患者对幸福的渴望和对未来的希望，然而每天都有各种意外和疾病，夺去人们眼中的光明。

考虑到人类有八成以上的信息是通过视觉获取的，一般来说，一个人如果看不见了，肯定会与这个日新月异的世界脱节。伊藤亚纱女士却认为，视障者是感知"世界的另一种样子"的专家，对此我深以为然。

因为职业和"光·M计划"公益项目的关系，我结交了很多视障朋友。在与他们大量地接触和交流后，我发现，因为专注，他们有很强的学习能力、丰富的创意和想象力；因为有着丰富的情感和超常的听觉，他们在音乐和声音表演方面有细致入微的感受力，听速甚至可达到常人的 4 倍。我的视障朋友们可以潜水、跑马拉松，可以自己化妆，可以做程序员、做翻译、做老师，可以从事艺术创作、做音频主播。

他们通过听觉、嗅觉、触觉等方式感知和理解与我们眼中不一样的世界，这种独特的体验值得我们每个明眼人尊重和学习。

花是＿＿的？我的视障朋友的答案是：花是有生命的。

因为摆脱了图像的束缚，他们用心感受到世界的鲜活和灵动。

我希望本书能让更多的人关注和了解视障人群。中国包含低视力和失明人士在内的总人数超过1700万，是世界上视障人群数量最多的国家，其中儿童和青少年就有近20万。路旁的盲道、街边的按摩店，以及几乎每个一、二线城市都会有的特殊教育学校，提醒着我们这个百分之一群体的存在，但他们却很少被我们明眼人看见。

我们的社会应给予失明的人更多爱与希望，为他们提供可持续的帮扶，尤其是那些还有着无限可能的盲童，要重点培育他们适应社会发展，应对不确定未来的品格和能力。

书的结尾处有句话：我们有必要以"看不见"为催化剂，建立一个充满创造性的社会。我预见，那将是一个残障友好的世界，每一个看不见的人都能找到自己的位置，享受该有的权利，实现自身的价值。希望这样美好的世界能尽快到来。

2024 年 3 月

前言

据说，人类有八至九成的信息通过视觉获取。不论是往小碟子里倒酱油、确认表盘上的数字，还是笔直地走一段路、观察流动的云，我们都会用到眼睛。

然而，这也从反面说明了我们过于依赖眼睛。渐渐地，我们以为用眼睛看到的世界就是一切。事实上，还存在着用耳朵倾听的世界、用手触摸的世界。用眼睛去感知，和用眼睛以外的方式去感知，即使物理性质相同的物体和空间，所呈现出的面貌也截然不同。我们当中的大多数人过于依赖眼睛，反而看漏了"世界的另一种样子"。

眼睛看不见的人，即视力障碍者，是感知"世界的另一种样子"的专家。他们能通过脚掌的触感来辨别榻榻米的纹路，从而知道自己面朝房间的哪一面墙；根据房间内的回音大小，他们能判断窗帘是否拉开；聆听窗外的车流量，他们能推测出大致的时间。获取信息的具体手段因人而异，但对于看不见的人来说，做这些事就像吃饭、睡觉一样稀松平常。

本书中，笔者通过采访六名视障人士及相关人员，与他们共同开展工作坊、日常闲谈，从视力健全者的视角总结出了"世界的另一种样子"。对于天生看不见的人来说，用眼睛看的世界反而才是"另一种样子"。"在你那边，看得见的世界是怎样的？""嗯，这边是……"我们用这样的方式，相互描述着自己所处的世界。

认识世界的另一种样子，同时意味着认识我们自身的另一种姿态。用手"阅读"、用耳朵"眺望"——平时用眼睛做的事，可以尝试用眼睛以外的器官来做。我们只激发了身体潜能中很小的一部分——了解看不见的人的身体状态后，笔者深切地感受到了这一点。

与世界产生联系时，我们的身体如何发挥作用？本书构想了一种广义的身体论。而这种理论可能没有前例可循。身体论一般以健全人的标准身体为论述对象，而在本书中，"看不见"这样特殊的身体才是思考与论述的出发点。

本书聚焦于看不见的身体，但由此得出的未必就是狭隘的、只与该群体相关的结论。所谓残疾人，他们只是不使用健全人日常使用的器官，而通过健全人不常使用的器官来获取信息。笔者认为，通过了解残疾人的身体，能得出较之以往更加宏观的身体论，帮助我们进一步认识身体的潜能。

因此，本书并不是一本讨论社会福利问题的书，其本质只是一部身体论，试图尽可能细致地说明看得见与看不见的人之间的不同之处。

然而，这并不意味着我们要无视"残疾"这一点。本书旨在通过体会"看得见"与"看不见"的不同、发现其中趣味，从而突破以往单向的帮助模式，创造出关于"残疾"的全新社会价值。

此外，为了方便表述，书中统一使用"看不见的人"，实际上"看不见"涵盖了各种各样的情况。

曾经能看见、完全看不见、能看见一点儿、视野狭窄、难以分辨颜色……另外，同一种"看不见"的情况下，是习惯利用听觉，还是习惯利用触觉，或是利用别的手段——人们的"看法"也多种多样。

过于强调个案或过于理论、抽象，都会导致论证失去重要的论点。如何把握"特殊性"和"普遍性"的平衡是一道难题。在本书中，我将尽可能地引用采访中受访者的具体表达，并在此基础上归纳出具有普遍性的理论。

接下来，就让我们一起走进"看不见"的世界吧！

本书的主要登场人物

木下路德 | 生于1979年。"黑暗中对话"（Dialogue in the Dark）体验活动引导员，"艺术鉴赏工作坊：与视障者共同创造"导览者。天生弱视，16岁失明，现已全盲。

难波创太 | 生于1968年。曾从事 3DCG 设计，39岁时因摩托车事故失明，全盲。现经营一家位于三轩茶屋的私人沙龙"身体护理厨房 Luxen"，提供针灸、按摩和药膳服务，同时活跃于"艺术鉴赏工作坊：与视障者共同创造"。

| 广濑浩二郎 | 生于 1967 年。国立民族学博物馆副教授，从事日本宗教史和触觉文化论相关研究，同时策划展览、工作坊。13 岁失明，现已全盲。有《来自触感世界的邀请》等多部著作。 |

| 莳原滋男 | 生于 1962 年。作为一名运动员，曾获残奥会跳高项目铜牌、自行车竞赛的金牌及两枚银牌，也擅长盲人冲浪、盲人滑雪、盲人足球。看上去虽与普通人无异，但 22 岁时被认定为视力障碍者，如今仅能勉强看见面前的人的轮廓。 |

序章

如何看见『看不见的世界』

感受不一样的身体

我本来想成为一名生物学家。

我从小就爱养毛毛虫、蝲蛄等小动物,还会写观察日记。高中课堂上,我如果开小差,那必定是在翻阅生物资料册。如今回想起来,同学们似乎多多少少觉得我是个怪人,毕竟那时收集地蛛比追"光 GENJI"①更让我沉醉,观察受精卵的细胞分裂比恋爱更让我心动——这就是我的童年和青春期时光。应该也是高中那会儿,DNA双螺旋结构的发现人之一——沃森②访日,我为了拿到他的签名,甚至追到演讲现场,充当了一回"狂热粉丝"。

---

① 活跃于 20 世纪 80 年代末至 90 年代初的超人气偶像组合。——本书注释皆为编者注
② 詹姆斯·杜威·沃森(1928—),美国分子生物学家。

我就是这样一个生物迷。而之所以开始把生物学家作为职业目标，契机之一是初中时读的本川达雄[①]老师的畅销作《大象的时间，老鼠的时间》（中公新书）。听了语文老师的推荐，书一发售我就买来读了，并受到了极大的震撼。

书的副标题是"体形的生物学"。生物的体形不同，对时间的感受也不同。对大象来说，一秒之内连"啊"都说不完；可对蚂蚁来说，一秒有"啊——"那么长。实际上，不存在如时钟那样的绝对时间，只有不同体形的生物所感受到的主观时间。简单粗暴地说，书里主要写的就是这些。

书的内容本身就令人激动不已，但现在读来仍会让我心潮澎湃的就是这一段。

> 用"想象力"补足缺失的部分，在脑海中描绘各种生物的时间轴，并与其他生物共存，这不正是开始支配地球的人类的责任吗？我认为，动物学家的重

[①] 本川达雄（1948— ），日本生物学家。

要任务，就是激发人们的这种想象力。(138页)

生物学家（原文"动物学家"）的任务，是激发人们的想象力。这是多么美妙的想法啊！确实，读本川老师的书时，我体会到了大象、老鼠等与我完全不同的生物是如何理解世界、如何感受时间的。这些不仅仅是信息，我从中切实地感受到了它们的世界。

因此，我很想亲自体验，拥有不一样的身体会是什么感觉。这听起来有些浪漫主义，但对于我这样一个生物迷来说，这种愿望特别强烈。

像老鼠一样，带着轻微且快速的心跳活着；像蜜蜂一样，尽管没有大脑，却能在群体中形成高度协调的神经网络；像管虫一样，生活在不见天日的海底，在热液喷口处享用着硫化氢，至死也不知道"陆地"是什么……想象自己变成别的生物，尝试以它们的视角看世界，对我来说是一种"变身"。

当然，我无法真的变为其他生物，但只有发挥想象"变成"它们，才能理解自我以外的生物存在的方式。这种"变身"的愿望在痴迷于生物的我心中日益强烈，直到如今，我仍确信自己对此抱有极大的兴趣。最后，我虽然没有成为生物学家，但可以肯定的是，正是这种用"变身"去理解的方式支持着我在研究之路上前行。

本书的主题，是理解视障人士如何认识世界。为此，我采访了几位视障人士，在一次又一次的对话中分析他们所处的世界。

说来不怕误会，这对我来说就是一种生物学。残疾人，就是我们身边拥有"不一样的身体"的人。在本书中，我希望通过语言而非数字来激发人们的想象力，带领大家"变身"，以不使用视觉的身体，体验他们的生活。哪怕这一切都只是在想象当中，我的目的也达成了。

美学和生物学的交叉点

读到这里，你或许会疑惑，我为什么选择视障人士？我最近也开始调研听障人士，但在各种"与自己不一样的身体"中，我最先接触到的便是看不见的人。为了说明我选择他们的理由，有必要简要介绍一下我截至目前的研究。

如前文所述,我没有成为一名生物学家。我从大三开始转入文科,攻读美学。也就是人们常说的"由理转文"。我为什么会这么做呢?因为大学的生物学教育划分过于细致,没能展现出对生命的宏观视野,而我始终无法认同这一点。

就这样,我远远偏离了一般的发展道路,但这也是人之常情,我求学的本质并没有改变。在那之后我继续攻读研究生,甚至取得了博士学位。最终,我深刻地感受到,原来我一直想通过美学的方法来践行本川式的生物学,即激发对"与自己不一样的身体"的想象力。

美学与生物学的交叉点,便是"身体"。生物学主要研究人类以外的生物,而美学只专注于人类。尽管二者有所区别,但不论是生物学还是美学,都致力于探索身体的功能、身体与周围环境之间的联系。

什么是美学

在进一步展开之前,首先需要解释一下"美学"

这门学问。当我提到"我的专业是美学"时，总会有人问："是男性的美学吗？"又因为美学的英语是"aesthetics"①，也会有人惊讶地问我："你在大学里学美容？"这两种当然都是误解。学习美学，并不意味着就能提高审美或让自己变美。

所谓美学，是一门从哲学意义上探索艺术和感性认识的学问。说得更简单点，就是一门把难以用语言表达的事物用语言解释清楚的学问。

法语里有一种说法，"je ne sais quoi"，即"难以描述的事物"。比如，你能从一个受欢迎的人身上感受到他的魅力，却很难把这种魅力用语言表达出来。这不是"无法理解的事物"，而是"我能理解，却不知该如何表达的事物"。

美学，就是用语言表达"je ne sais quoi"的学问。感觉就像"伸手去挠发痒的地方"，它能让我们看清那个让人心烦意乱的"痒点"是什么。说起难以描述的事物，第一名就是捕捉美、优美等性质的感性活动，

---

① 日语中将该词写成片假名时，常用于表示"美容"。

第二名是艺术。因此，这二者也成了美学的主要研究对象。

"挠到了发痒的地方"，这种心满意足的感觉是非常身体性的。理解了、痛快了，这是一种来自身体的愉悦感。有时候，用逻辑思维无法攻克的问题，美学或许能以一种灵活的方式解决。自己身体发痒的那一部分好像也一起畅快了起来。正因为美学研究者研究的是那些难以用语言描述的事物，我们所理解的程度便会呈现在身体反应上。美学研究的侧重点因人而异，而我想做一名重视这种身体性的美学研究者。

抛开自以为的"理所当然"

既然美学于我而言是一门"通过身体来理解"的学问，身体便同时成了我研究的道具和对象。感性是身体的一种反应，艺术作品也与身体息息相关。这样一来，美学研究便是"以身体理解身体"，即以实际的身体反应去理解语言描述的身体。这种类似自己咬自己尾巴的状态，就是美学的终极形态。我的野心是，既然选择了美学，就要以终极形态为目标。因为我发现，一度吸引我成为生物学家的"变身"愿望，其实就是"以身体理解身体"这么回事。

说来简单，做起来可不容易。世上确实有"身体论"这一学说，众多美学家、哲学家的相关著作构筑起"身体论"研究的谱系。其中一些书能给人带来独特的快乐，但总有些难以理解，读着让人似懂非懂。

原因很简单，那些书都是以"一般身体"为对象写就的。既不是"我的身体"，也不是"你的身体"，而是抽象意义上的"身体"。

当然，作为一门学问，论述必须具有普遍性，可从现实角度来看，世界上不存在两个完全相同的身体，也就不存在所谓的"一般身体"。而且这个被假设为"一般身体"的普遍性也令人存疑，其所设想的似乎都是研究哲学和美学的主要群体——白人男性——的身体。证据就是，这些学说几乎从未提及怀孕和分娩。

因此，即使做不到说明白每一个个体的身体（那应该是小说要做的事），但我认为，通过说明"具备某种特征的身体"，也能稍微对"一般身体"进行细分和具体化。不同生物有不同的身体构造，不同的身体构造决定了认识世界的不同方式。在人类世界也是一样。结合美学和生物学，在"普遍"与"特殊"之间，我发现了一个理解身体的新视角。

我所提出的新身体论，要做的就是提取出被"一般身体"的普遍性所掩盖的"差异"。那么，尽可能选择与自己有明显差异的身体作为论述对象，不失为上策。像昆虫学家离开人类社会走进深山野林一样，什么样的对象能让我脱离认知中的"理所当然"，切实地贴近呢？我想到了"看不见的人"。

如前言所述，人类有八至九成的信息是通过视觉获取的。视觉在五感中占据绝对地位，尤其在西欧文化中倍受重视。走在巴黎的香榭丽舍大道，视线一下就会被凯旋门吸引。在这一瞬间便能感觉到，在西方，连城市都是为了提供视觉享受而设计的。

我们如此依赖的视觉能力一旦消失，身体将如何应对呢？带着这个问题，我为新身体论选中了最初的研究对象——看不见的人。我认为，"看不见的人"对目前已有的身体论来说，正是互补色一般的存在。说得有些长了，以上就是我想"'变身'为不使用视觉的身体"的理由。

"看不见"与"闭上眼睛"

要是我说想变得和盲人一样，说不定会遭人指责："你怎么能这么说呢？"我说这话，绝不是轻视看不见的人们的辛酸和痛苦。

看得见的人和看不见的人，互相投以好奇的目光，将有助于发现各自的盲目之处。从美学的角度关注并研究视障人士，就是这样一种"好奇的目光"。相信这样的视点也会在残疾人福利方面引发新的讨论，我会在本书的后半部分展开论述。

那么，到底怎样才能"变身"为看不见的身体呢？你可能觉得这很简单，只要阻断视觉，闭上眼睛或者戴上眼罩不就可以了吗？

只要闭上眼睛便能体验失明的感觉——这种看法可谓大错特错。单纯地给身体做减法是行不通的，"看不见"与"闭上眼睛"完全不同。

看得见的人闭上眼睛，和本就看不见之间有什么区别？看得见的人闭上眼睛，只是阻断了视觉这一信息获取的途径，是减法，由此感受到的是一种"欠缺"。我想研究的并不是这样的状态，即在视力健全的基础上去除视觉能力的状态。我想体验的是，没有视觉也正常存在的身体本身。我想亲自感受这种条件下的身体都有哪些特征，拥有这样身体的他们的世界又是什么样子。

上述的差异，可以类比为四脚椅和三脚椅。四只脚的椅子撤掉其中一只，就会倒下，变成坏掉的、不完整的椅子。然而，也有原本就用三只脚站稳的椅子。只要稍微改变布局，椅子就靠三只脚也能立住。

椅子脚的不同布局，产生了四脚椅和三脚椅不同的平衡方式。看不见的人使用耳朵的方式、腰腿的能力，还有对词语的定义，都与看得见的人略有差异。只要一点点改变身体的使用方式，就能找到无视觉状态下的平衡。

我所说的"变身"，就是要用这种无视觉状态下的平衡来感知世界。不是感受少了一只脚的"欠缺"，而是感受三只脚创造出的"完整"。

用不一样的平衡去感受,你会发现世界是如此不同。换言之,世界还是同一个世界,看的方式不同,"意义"也会发生改变。

可以毫不夸张地说,本书从始至终都在围绕这个"意义"书写。"意义"既包含它与生俱来的东西,也包含人为赋予的东西,这两方面本书都将涉及。

"明天下午的降水概率为 60%"中的"信息"与"意义"

"意义"到底是什么呢?虽然这是非常原理性的问题,但因为它关乎本书的立场,我想先在此留出篇幅解释清楚。只要将"意义"放到"信息"的对立面,就能体会到本书中的"意义"所包含的语感。

信息是客观中立的。例如,"明天下午的降水概率为 60%",我们通常会把这句话当作信息来接收。听见朋友说"明天下午的降水概率是 60% 哦",你回答"谢了",意味着"谢谢你告诉我这个重要的信息"。

与之相对,要是你把恋人说的"你可真是块石头"

当作客观信息，紧接着来的恐怕就是分手的话了。这其实是一种情感的表达。这时，你要做的不是拿纸笔记下来，而应该是安慰或者反驳，做出反应才对。

说话人表达的主观意见不能算作信息。所谓信息，是指排除说话人主观意见的客观内容。（严格来说，天气预报也是预报员的"判断"。在此不深入探讨是否存在真正客观的信息这一问题。）

然而，"明天下午的降水概率为 60%"这样一则信息，在不同的人听来会产生不同的"意义"。等着第二天开运动会的小学生想的可能是"运动会要延期了"。卖伞的商家可能会想"看来明天能赚一笔"。如果是农民，可能会想"那明天早上得少浇点水"。对一天都过得不顺利的人来说，说不定还会从中解读出一些暗示。

也就是说，"意义"，即"信息"被放进具体的语境后产生的东西。根据受众、情境的不同，同样的信息会产生完全不一样的意义。若以本川老师的"体形的生物学"为例，"钟表显示的时间"相当于信息，"不同生物对时间的感受"则相当于意义。

什么是"环境界"

"意义""价值"这些概念,听着像人类世界特有的产物,其实不然。昆虫等动物也是出色的意义构建者。分析出这点的是生于爱沙尼亚的生物学家雅各布·冯·魏克斯库尔[①]。魏克斯库尔早在20世纪30年代就提出了"环境界"(Umwelt)[②]的概念,不仅对生物学,对哲学等多个学科领域也产生了影响。

让我们参考日本生物学家日高敏隆[③]翻译的魏克斯库尔的著作《动物与人类对世界的认识》(筑摩学艺文库),来看看"环境界"究竟是什么吧。

初夏,菜粉蝶在圆白菜田里飞舞。不同的时间段里,菜粉蝶看到的菜地是不一样的。上午是交配的时间,雄蝶为了求偶会在菜地里飞来飞去。对于雌蝶来说也一样,此时在它们眼里最重要的是雄蝶。实际上,它

---

① 雅各布·冯·魏克斯库尔(1864—1944),生物符号学先驱。
② 源自德语,又译"主体环境域""周围世界""周围环境"等。
③ 日高敏隆(1930—2009),日本动物行为学先驱。

们周围有许多花叶，但它们连看都不会看一眼。

到了下午，肚子饿了，这时对于菜粉蝶来说没有什么比得过花蜜。菜地里的花一下子变得"入眼"了，尤其是那些盛开的花朵，而不是花苞。只有盛开的花朵才有意义，才是构成菜粉蝶世界的一部分。

魏克斯库尔认为，每种生物都是建构意义的主体。主体赋予周围事物以意义，从而构成自己的世界。这个"自己的世界"被称作"环境界"。生物并不生存在枯燥无味的客观世界里，而是生活在根据自己和各种状况的需要而创造出的一种幻觉里。

面对看不见的人，看得见的人采取的态度

主体赋予周围事物何种意义，这种意义又创造出怎样的环境界呢？本书即以这样的"意义"为切入点，建立与看不见的人的联系。

这是一种探索的方法，也是关于看不见与看得见的人之间如何相处的一种提议。之所以这样说，是因为面对看不见的人时，看得见的人所采取的态度通常基于"信息"。

而在本书中，我想补充一种基于"意义"的相处方式。

基于"信息"的相处方式是什么？笼统地说，那是一种带有福利性质的关系，即看得见的人向看不见的人提供信息与支援。这种福利性关系的根本，是看得见的人单向地帮助看不见的人。

在目前的无障碍设施中，处处可见对信息的重视。比如盲道，是为了给视障人士提供如"车站在这边"等信息。红绿灯设置的提示声，同样是为了提供"停下""前进"等信息。

除了这些基础设施，人工服务也以提供信息为主，比如图书馆的人工朗读服务。为了让视障人士获取书上的信息，图书馆工作人员或志愿者会把内容读出来。盲道和红绿灯提示声，是为残疾人出行提供必要信息的福利，人工朗读服务则是直接帮助残疾人获取信息的福利。在我的印象中，后者在近几年越来越受到重视。

在这样的环境下，我们经常能听到"可达性"（accessibility）这个词。这个词原本表示设施及服务的便利程度，近几年也常用来表示获取信息的难易程度。

还有常常和"可达性"配套使用的"信息差"一

词。这个词语包含了这样一种思考：一个包容的社会，需要消除有障碍的人与其他人之间的信息差。基于此，社会上出现了各种各样的福利活动，就是为了进一步提高"可达性"。

当然，这种"信息层面的福利"对残疾人来说是不可缺少的，一直以来人们也做了许多尝试。但不可否认的是，目前的福利制度仍存在很多不足，这应由全社会来共同完善。

我并没有否定福利制度存在的意义。我担心的不是福利制度本身，而是在日常生活中，残疾人与健全人之间的关系被这种"福利性观点"所绑架。

也就是说，接触残疾人时，健全人总觉得自己必须做些什么，特别是觉得自己需要提供一些信息。被这种"福利性态度"束缚的人，也许在生活中很少有机会直接接触残疾人，也就是说，他们离福利事业现场很远。

后天失明的木下分享的"一段经历"

如今，全盲的木下路德活跃于各种工作坊等活动中。提到自己的经历时他说，小时候，随着视力变弱，他和同学们也渐渐疏远了。

小学时，因为做了眼睛的手术，木下约有半年不在学校。重回学校后，他被安排到单独的弱视班，接受一对一授课。

但有一段时间，他可以回到之前的班级上音乐课和吃午饭。他最好的朋友会来弱视班接他。这样的安排可能是老师出于好意，想让他重新融入班集体吧。

然而，这件事给还是小学生的木下带来了人生的第一次冲击。"好朋友来接我，不是'哟，走吧！'那种朋友之间轻松的语气，而是'好的，那我们走吧？'这样公事公办的感觉，一路上什么话也没说。我当时觉得，怎么会这样，真没意思。"木下笑着说。在那之后，木下再也没能和好朋友恢复以前的关系，两人更是随着换班渐行渐远。木下说，当时觉得弱视"夺走了自己的好朋友"。

我们来推测一下，好朋友来到弱视班接木下，肯定不是怀着恶意、存心疏远木下的，反倒是出于一番好意。木下才做了眼睛的手术，好朋友心里肯定非常紧张，不仅要时刻留意他的情况、小心不让他绊倒，还要第一时间提醒他前方是否有危险。

如果我是木下的好朋友，我肯定也会这样做。但这种"小心翼翼"，不是朋友之间该有的关系。互相嘲笑、怂恿，甚至有时候撞飞对方，才是小学男生对朋友们自然的举动。一旦隔了一层"善意"，这些事便做不到了。"随着我的视力越来越弱，大家对待我也越来越小心。我觉得慢慢和大家疏远了，心理受到了非常大的冲击。"木下说。

基于"信息"的人际关系中，比起看得见的人，看不见的人总处于不利地位，由此形成了一种健全人引导、帮助残疾人的支援关系。"福利性态度"，指健全人始终带着一种紧张感，即"我必须为残疾人提供帮助"，这种心理也进一步束缚了二者之间的关系。

支援关系当然是必要的，但仅凭福利性态度，人们无法从"给予的一方"与"接受的一方"这种上下分明的关系中脱离。这令人感到遗憾。残疾人与健全人之间，明明可以笑着谈论彼此的失败，想聊天的时候，也可以坦诚地聊聊自己的身体、残疾和恋爱状况。（在这里重申,"福利性态度"并不是指福利事业相关人士的态度。在实际的福利活动中,除了提供支援,应该也建立起了不少和乐友好的人际关系。)

"我们是我们,你们是你们"的距离感

"我们是我们,你们是你们"这句话,体现了基于"意义"的关系的重要性。在此层面进行交往,视力障碍者与视力健全者之间的关系也会发生变化。

视力障碍与否,或许让人们对"意义"的理解存在差异,但不存在优劣。下一章起,我会对此进行详细说明。对视力障碍者来说,既有因看不见才产生的"意义",也有反向利用这种不便所邂逅的痛快"意义"。而这些"意义"与人们能否看见无关。人们用语言分享这些意义,由此产生的是一种平等且以差异为乐趣的人际关系。

聊天时,木下突然冒出的一句话让我非常难忘。那时,我正向木下解释,想象力对视力健全的人来说是什么。想象,就是脑海中浮现出此时此地不存在的事物或

场所的形象,即在脑海中描绘,但与实物还是会有区别。

这番话似乎给了木下提示,让他豁然开朗。他惊呼:"原来如此,你那边看得见的世界也很有趣呢!"

没有哪句话,比木下说出的这一句更能消除人们对残疾人的刻板印象了。令人开心的是,木下将视力健全的人的世界称作"你那边的世界"。他所说的"你那边",就像朋友间问候"你那儿最近怎么样啊?""马马虎虎吧,你那里呢?"一样轻松平常。

福利性态度更倾向于关注"如何让看不见的人像看得见的人那样生活",这背后的逻辑是:看不见的人生活在看得见的人的世界里。当然,现实中很多基础设施是根据视力健全的身体需求而设计的,因此上述的福利性态度也非常重要。但木下说的"你那边",让人感觉看得见的世界和看不见的世界就像是门挨着门的两户邻居,表现出一种"我们是我们,你们是你们"的距离感,着实令人感到愉悦。

因为这种"我们是我们,你们是你们"的距离感,人们对彼此产生了"有趣"的想法,而不是单方面地伸出援手。在前文中我提到,"投以好奇的目光"非常重要。也许"尊重差异"听起来更合乎伦理道德，但再进一步、稍稍踏出道德边界的"好奇的目光"，才是发掘"有趣"的必要条件。（当然得在双方同意的基础上。）基于"意义"的关系，就是把看不见的人当作"朋友"和"邻居"来对待。

这与接触来自不同文化的人有几分相似。在国外，我们常常发现，自以为理所当然的事，别人却感到惊讶，觉得是奇怪的习俗。这就是去外国的"乐趣"。从网络或导游手册上得到的外国文化相关"信息"，和到实地感受到的"意义"截然不同。

说出"你那边看得见的世界也很有趣呢"这句话时，木下理解了看得见的人的想象力为何物。也就是说，木下也成功"变身"了，尽管只实现了一小部分。比起尊重差异、保持距离，首先通过"变身"去感受，反而更能体会差异带来的乐趣不是吗？

八

当前福利政策的施行主要基于"信息"展开，鲜有采用基于"意义"的方式。事实上，这二者并不对立，而是相辅相成的。我衷心希望，本书讨论的基于"意义"的方式，能够促成人们对新型盲道的思考，以及各种富有创意的支援服务。

在后续章节中，我将阐述在与看不见的人们的实际交流中得出的"变身"诀窍。尽管无法说明他们所处世界的全貌，我们还是能从中寻得一些"变身"的抓手。

第一章

空 间

看得见的人是二维思维,
看不见的人是三维思维?

在序章中，我主要阐述了"看见"看不见的世界的方法，即比起"信息"，关注"意义"更加重要。不利用视觉，能获得的信息终究有限，但也存在着在此条件下才产生的意义。看不见的人，有专属于他们的理解世界、利用身体的方式。

接下来，我将在每一章中论述一个主题，以采访和观察结果为基础，对该主题特有的"意义"进行介绍。

第一个主题是"空间"。无论是走在街上、待在家里，还是坐在餐厅中，我们的身体总被空间包围。我们从空间获取必要的信息，并努力在其中过得舒适。空间就是我们赖以生存的基本，看不见的人又是如何理解它的呢？下面我将通过几个小故事来说明。

这些小故事主要是我听来的经历，并不具有普遍性，因此有人觉得"这和我的经历不一样"也不奇怪。我希望大家别把以下内容理解成"正确答案"，不妨在与他人谈及个体差异时，把它当成素材活用起来。

"大冈山果然是'山'呢"

看不见的人所"见"的空间，和看得见的人用眼睛捕捉到的空间，二者有何区别呢？在与视力障碍者相处的岁月中，某一瞬间我突然弄明白了这个问题。

那是我和木下一起走在路上的时候。那一天，我准备在我的工作地点——东京工业大学大冈山校区的研究室，对木下进行采访。

我和木下在约好的大冈山站的出口碰了面，穿过十字路口很快就进了学校正门，朝着研究室所在的西九号馆走去。到了一个长约十五米的平缓下坡时，木下说："大冈山果然是'山'呢，我们现在正沿着它的斜面往下走吧？"

木下的话令我非常震惊，因为他说的是"山的斜面"。我每天都会经过那里，但对我来说，那不过是一段"坡道"罢了。

在我的认知中，那段路不过是从"起点"大冈山站到"目的地"西九号馆途中的一小部分，无论从空间上还是意义上来说，都只是其他空间或道路的一个分节罢了，拐个弯就会忘在脑后。然而木下的描述，更像是在俯瞰整个空间。

正如木下所说，大冈山南边的地形像一个倒扣的碗，车站出口位于山顶，西九号馆则在山脚。我们刚刚走过的坡道，正是山顶到山脚的斜面。

然而对看得见的人来说，要在脑海中形成那样立体的俯瞰图非常困难。坡道两侧，排列着社团招新的宣传看板。走在学校的路上总会与熟面孔擦肩而过。前方，拥挤的食堂入口映入眼帘。扑面而来的各种信息，夺走了看得见的人们的注意力。要是没注意到这一切，那大概是在看手机。总之，对于坡道上的行人来说，根本没空去想自己正走在何种地形的哪个位置。

没错，那一瞬间我明白了，我们的确是"行人"。确定好"通行路线"后，人就像在传送带上一样，在具有方向性的"路"上被运输着。相比起来，木下脑海中的概念更为开放，他就像一名滑雪运动员，可以自由地在宽阔的平面上画下线条。

即使身处物理层面上的同一个位置，人们赋予该位置的意义不同，体验也会截然不同——这便是木下那一句话带给我的震撼。人在物理空间里行走，同时也在脑海中的图像上行走。我和木下肩并肩走下同一段坡道，实际上却行走在完全不同的世界里。

也许可以这样说：看不见的人不受"路"的限制。道路，为人们指明前进的方向。虽说每个人的情况各有不同，但看不见的人能够通过回声和盲杖的触感把握道路的宽窄和方向。眼睛可以瞬间从近至远看遍路的全貌，与之相比，凭借声音和触觉所能掌握的范围是有限的。不受路的限制，意味着看不见的人需要加倍小心慎重，但他们也因此摆脱了道路的束缚，拥有更为宏观的视野。

大脑里有富余的空间？

在同行时，全盲的木下获取的信息比我少得多。何止是少，应该说他只获取了两条信息。一条是"大冈山"这个地名，另一条是"双脚感受到的倾斜"。然而，正因获取的信息少，他在理解这些信息时，才能够在脑海中构建眼睛看得见的人无法看见的空间。

对此，木下是这么说的："可能我的大脑里还有富余的空间吧。看得见的人，大脑会被超市呀、路上的行人等等塞满，而我们的大脑里，很多地方空着。但我也想利用这个空间，所以会尝试将信息和信息联系起来，就形成了那种俯瞰的视角。刚才，我所知的信息只有脚底感受到的'沿着斜面向下'，我就会想，这是怎么回事呢？某种程度上，可能看不见的人才有更多思考的空间呢。不然你一看就知道前面是个坡，转头便忙着欣赏周边的风景、蓝色的天空，还能看见晴空塔……这些就够你忙的了。"

这正是由少量信息产生特殊意义的实例。生活在城市里，我们眼睛捕捉到的信息大多是人造物。大屏幕里映出的偶像们、宣传新产品的招牌、地铁吊环上的广告……这些都是为了被看见而设计出来的，实际上和我们个人没什么关系，也就是说没有"意义"，纯粹是一种信息泛滥，是卷走一切视觉注意力的信息洪流。确实，在看得见的人的脑海中，几乎没有木下所说的"富余的空间"。

看不见的人则与这种信息洪流无缘。当然，城市里也充斥着各种声音和气味，但木下仍然觉得"大脑里还有富余的空间"。前文中我提到，看不见的人不受"路"的限制，这个"路"不仅是物理意义上用混凝土或土做成的、字面上的道路，也是比喻意义上的道路。总而言之，是告诉人们"往这里来"、给人指明前进方向的"路"。

是我在利用信息，还是信息在利用我？

人并不是百分百自发地、根据自己的意志行动，很多时候都是不知不觉中受周围环境的影响而行动的。

以"靠墙休息"这一行为为例，大多数时候不是因为我们想休息而去寻找一面墙，而是看到了一面墙所以想靠上去。这一性质的行为在孩子身上尤为多见，比如"恶作剧"。因为看到了按钮，所以想去按一下；因为看到了台子，所以想要爬上去。隐藏在环境里的各种因素,成了诱发孩子某种行为的开关。

可以说,人的行为或多或少是环境设计出来的。

从一个开关到另一个开关,人就这样被吸引着注意力,眼花缭乱地在环境中移动。指明方向的道路就像环境中画出来的导线,说着"过来,过来吧",持续引导着人的行为。

比如走进京都的桂离宫,你会发现它甚至连人们该看哪儿都设计好了,处处是引导人们行为的"道路"。实地参观后,我感觉桂离宫就像舞谱一样,从那以后便对它产生了兴趣。

桂离宫里有一条明确的道路,而在城市里,无数条道路纵横延展,其中大部分强烈地刺激着人的欲望。炎炎夏日走在路上,看到路边立着可乐的招牌,就会想喝可乐;看到"今日七折"的标识,便不自觉地走进超市,买一堆不需要的东西。问题不在于我们是否本就有这些欲望。视觉刺激之下,欲望在我们的体内生成,回过神来,我们已经变成了"带着欲望的人"。

毋庸置疑,正是这样过度的视觉刺激驱动着资本主义体系。否认它并非易事,我也不打算这么做。事实上，生活在城市里的我们就像提线木偶，很容易就会在这个装置的操控下起舞。最近，在电脑桌面和手机页面上，类似的触发点越来越多。本想工作，打开电脑后却开始购物……这种事经常发生。我们每天都经历着轻度失忆，已经分不清到底是我们在利用信息，还是信息在利用我们。

"看不见的世界，意味着极少量的信息"

如上文所述，我们不妨把城市看作一个巨大的行为设计装置，这样一来，我们便可发现看得见的人和看不见的人之间行为的差异。后天失明的难波创太对我说，是失明，让他得以从道路、从城市空间的行为设计中解脱。

"看不见的世界意味着极少量的信息。当你走进便利店，目光会被各种美食吸引，优惠活动的信息也会不断闯入大脑。看不见的话，情况就不一样了。你会在一开始就想好自己要买什么，到店后告诉店员，买完就回家。"

众所周知，便利店是一个针对顾客购买行为精心设计出来的空间。便利店内的商品，从陈列顺序到摆放高度，都是促进消费的手段。有时候，我们只是想去便利店缴个费，但一不留神，又顺手买了布丁。

失明后，难波不再被这些闯入眼帘的东西迷惑，也就是说，他不再受便利店的摆布。他形成了这样一种购物方式：事先决定好要买什么东西，然后直奔主题。只奔着一个目的去，听起来有些鲁莽，其实不然。我们仍然不能忽略个体差异，但比起受到眼前事物的刺激就不自觉伸出手的看得见的人，看不见的人能更从容、更宏观地看待事物。

不受摆布的安心感

当然，难波也说，刚失明那会儿，他曾为信息之少感到不知所措。与其说是不知所措，不如说是感到一种"饥饿"。

"一开始我很迷茫，绞尽脑汁地想怎么样才能获取信息……花了两三年的时间，我才意识到很多信息不要也罢，现在这些信息量便足够我活下去了。我的想法转变了，认为没必要拘泥于超出自己能力极限、意识范围的东西。拿刚刚便利店的例子来说，因为我根本意识不到那些优惠信息，所以我也不会特别想要买东西。意识不到的东西是不会想要的。在我还看得见的时候，总会通过电视和手机，不停地往大脑输送信息。所以刚失明那会儿，光是拿着手机，就能让我有安全感。视觉的切断让我产生了一种对信息的饥饿感，但最终也平静下来了。"

难波的这番话，在我听来就像是他的"顿悟"。在认识到"不强求意识无法触及的信息"之前的那两三年，对他来说，是理解并接受自己失去视觉能力的新身体所带来的"意义"的时期。

看不见的条件下，脑海中构建出的便利店空间，无论如何都会与看得见时用眼睛捕捉到的不一样。大概就像星座图，是一个仅标记出入口、经常买的商品和收银台位置的空间图式。

还是"看不见世界的初学者"时，难波总会把"看不见"当作欠缺。渐渐地，他发现凭借脑海中构建起的全新的便利店空间，自己也能实现一切。接受了这种新方式走在路上时，难波体会到了不受信息摆布、一直向前的安心。

正因没有视野，视野才更加广阔

前述大冈山的经历告诉我：有时候，比起看得见的人，看不见的人能从更高的角度俯瞰空间。我们通常认为，看得见的人能"一眼望尽"，所以能把握住更大的空间。然而，这反过来也会让他们被"路"所限制。因此，反而是看不见的人，能够超越目光所及的范围，把握住更开阔的空间。正因没有视野，他们的视野才更加广阔。这听起来像在抖机灵，其实它只是背离了我们先入为主的观念，是一种有趣的体验。

仅仅将"双脚感受到的倾斜"和"地名"这样有限的信息联系起来，便能在脑中形成一个俯瞰视角下的大冈山。这是根据推测而非视觉信息得出的判断。推测得来的大冈山上，不存在车站前的超市，也没有麦当劳和医院。在碗状的土地上，只分布着车站、红绿灯、建筑物等几个地标，是一个几何的、抽象的、图式化的空间。如果说视觉是在描摹物体，尤其是物体的表面，那么通过推测得到的，更像是物体的布局、物与物之间的关系。虽然获取的信息少了，但看不见的人可以通过突出布局和相对关系的图像来理解空间。

我们还可以通过看不见的人家里的装修，来理解他们把握空间的这种方法。人们以自己理解世界的方式创造出属于自己的世界。也就是说，以几何的、抽象的方式理解空间，便会以几何的、抽象的方式创造空间。情况虽因人而异，但整体而言，看不见的人的家里，确实倾向于几何、抽象。

我并不是说他们家里的椅子就是纯白正方体，地毯就是素色圆形的，而是说家里呈现出一种熵很小的状态，换言之，一种混乱程度很低的状态。没有多余的物品，东西也不会乱放，房间收拾得干净整洁、井井有条。

理由很简单，东西不见了，找起来会很困难。要做到井井有条，意味着所有物品都有它们"该待的地方"，用完后，要将它们放回原处。剪刀在抽屉里，钱包在电视机旁，收纳托盘从里往外数第二样东西一定是酱油，等等。规定清楚每件物品摆放的位置，想用时立刻就能找到。

如果某件物品不在它该在的位置，就必须得寻找——这对看不见的人来说需要费很大的劲，为此他们得用手摸遍家里所有的地方。很可能只是找不到遥控器，他们就需要给朋友打电话，请朋友来家里帮忙找。

最近出现了很多"能说话的电器"，看不见的人可以通过声音确认位置。即便如此，还是有人认为和家人一起生活才是问题的根源，独居反而更好。这不仅是因为有物品摆放问题，还有撞上半开着的门等更加危险的情况。

不同于走在大冈山上，在"家"这一场所中，人们除移动以外，还会有做饭、看电视、发短信等各种行为。为了过得轻松舒适，尽量让"脑海中的想象"和"实际的物理空间"保持一致非常重要。比起让"想象"去配合"实际"，更为高效的做法是用便于自己理解的方式来布置空间。减少物品数量，采用极简的布局，这样一来，一种熵很小、几何的、抽象的家装便完成了。换言之，是根据"脑海中的想象"来改造"实际的物理空间"。

看不见的人无法记笔记，因此他们需要记忆很多东西。家里所有物品的布局自不必说，去车站的路上都有什么、公司的工位上都摆了什么，这些都必须熟记于心。见面的时间、地点，这种程度的信息尚可通过盲文、录音或键盘输入来备忘，但空间布局本身是无法用笔记记下来的。看得见的人只需看两眼的工夫，看不见的人则要用记忆力去弥补。

难波说，失明之后，有一种"不可能抱起的行李，我却必须全部抱着前行"的感觉。既然不能通过笔记这种形式将信息"外包"出去，那就必须掌握将信息高效存储进大脑中的方法。

盲人的时尚

这个话题好像偏离了空间的主题，但盲人在时尚方面，也体现出几何的、抽象的倾向。不仅是上一节论述的家装，在衣着方面，看不见的人也比看得见的人更追求整齐。简单来说，就是衬衫的扣子都会好好扣着。可能不是每个人都这样，但当我问全盲的白鸟建二这个问题时，他笑着回答："全盲的人，要么衣冠不整，要么没办法做到衣冠不整。"总而言之,有意识地"乱穿"反而更难。

在看不见的人当中,白鸟算是非常时髦的,此前与他见面,他就是一身粉色衬衫配复古鸭舌帽的打扮。我问他如何选衣服,他回答说,会根据看得见的人的反馈来选择适合自己的衣服,比如"这件很合身""那件差点意思"。他笑着说:"有时候也会出现很离谱的搭配。"

总之,"看不见"这一身体特征,不仅是知觉上的特征,它还会影响人对空间的理解、对家居的布置,甚至会影响人的时尚穿搭。这太有意思了!说不定,这个特征还会影响人的性格和气质。

视觉能力影响思考方式

"看不见"这一身体特征,孕育出独特的信息处理方式,进而影响人们的思考方式。思考方式,即"利用大脑的方式"。视力障碍分为多种情况,对应产生了利用大脑的不同方式。下面我想先为大家介绍一个关于立体视觉能力的例子。

美国神经生物学家苏珊·巴里（1954—　），在她的著作《斜视康复之路》（*Fixing My Gaze*）中讲述了自己的亲身经历。48 岁时，她通过特殊训练，终于拥有了立体视觉能力。

一般来说，人的大脑会根据左右眼捕捉到的信息的"偏差"，把握与目标对象之间的距离，构建目标对象的立体形象。但巴里患有斜视，一直都没办法做到这一点。她的大脑只"信任"看得清楚的那只眼睛捕捉到的信息，另一只眼睛则被"无视"了。作为替代，她更细致地利用自己的大脑，强行制造出视觉"偏差"，总算能够感知距离。就是在这种条件下，她不仅能熟练驾驶，作为研究者，她也能阅读大量文献、发表论文。

这样的她，在 48 岁时第一次拥有了立体视觉能力。物体的立体感、物体之间的位置关系，在她眼里变得清晰明了。进入一个陌生的房间时，她再也不会感到不知所措了。因为她现在可以瞬间把握房间内部的整体情况。也就是说，她终于理解了什么是"空间"。巴里说，那是一种"充满魅力的、令人陶醉的"感觉。空间里有桌子、椅子，还有自己。48 岁的巴里，第一次体会到了"自己好好地存在于这个世界"。

经历了这么大的变化,巴里处理信息的方式发生了什么改变呢?据她所说,就像进入陌生的房间能够迅速把握空间的整体一样,阅读论文时,她也能一口气把握论文的整体。在此之前,她处理信息的方式是"由部分累积成整体",但恢复立体视觉能力后,她形成了"先把握整体,再根据与整体的关系探讨细节"的思考方式。这是一个视觉能力影响思考方式的有趣例子。

看不见与看得见的人心中的富士山

看得见的人和看不见的人对空间的理解不同,这一点也体现在他们理解单词的方式上。你可能会感到意外,如何理解空间和如何理解单词有什么联系呢?其实,当看得见的人与看不见的人听到同一个单词时,浮现在他们脑海中的画面是不一样的。

比如说"富士山"。这是难波举的例子。对看不见的人来说,富士山是"上方有缺口的圆锥"。富士山的确如此,但看得见的人一般不会这么描述。

对看得见的人来说,富士山首先是"八字的两撇"。换言之,他们想象的不是"上方有缺口的圆锥",而是"上方有缺口的三角形",即一个平面图形。像月亮这样的天体也是如此。看不见的人想象的月亮,是像皮球一样的球体。看得见的人呢?在他们的想象中,月亮大概是"圆溜溜的""像盆一样",也就是说,他们想象的月亮是一个没有厚度的圆形。

将三维的事物二维化,把"具有高度的物体"转化成"平面图形",是视觉能力的一大特征。尤其像富士山和月亮这种遥远且巨大的事物,视觉上我们会失去对其立体特征的感知。在认知中,我们当然知道富士山和月亮不是薄薄的一层,但视觉带来的二维形象仍占了上风。我们的视觉能力倾向于将立体物体平面化,但重要的是,这种平面性又通过以绘画、插图形式呈现的文化形象进一步得到强化。

我们看待现实事物的方式是如何被文化形象潜移默化地影响的呢?举木星的例子便能理解了。说起木星,大多数人都会想到一张有着大理石横条纹、棕色的天体照片吧。我们印象中的木星非常立体,大概它的条纹也起到了一定的作用。相比之下，我们脑海中的月亮就扁平多了。也许月有盈缺的特征加深了我们对它的平面印象，但为何我们唯独对月亮的印象如此平面呢？

原因不必多说，就藏在小时候看过的绘本、各种各样的插图，或者是浮世绘等绘画作品里。在这些图画里，我们看到的都是"圆圆的月亮"。宁静的深蓝色夜空中，挂着一轮大大的、散发着温柔黄光的圆——准确描绘月亮的话，大概就是这样吧。

这种描绘月亮的定式，也就是文化因素影响下形成的月亮形象，塑造着我们在现实中看月亮的方式。当我们看着眼前的事物时，不是直接看，而是透过"以前看过的东西"这层滤镜来看。

富士山也是同样的道理。从澡堂里的画，到日历、绘本，我们看过各种经过艺术加工的"八"字。而且不论是富士山还是满月都是吉祥的象征，"圆满""八"的寓意进一步强化了"圆圆的月亮""八字一样的富士山"在我们心中的形象。

看不见的人，尤其先天就看不见的人，不仅无法通过视觉捕捉眼前的事物，也不曾接触构成我们文化的视觉图像。因此，他们得以摆脱看得见的人总是带着的文化"滤镜"。

盲人的色彩感觉

比起看得见的人，看不见的人更能够理解物体实际的样子。他们大部分是通过模型来理解的。这是一种概念性的理解。对于无法直接接触的事物，他们就像记住词典上的释义一样去理解。

通过定义来理解事物——从看不见的人对色彩的理解上，我们能感受到这其中的妙趣。

虽然因人而异，但即使是从来没有见过实际物体的全盲的人，也能理解"颜色"的概念。听到他们说"我喜欢的颜色是蓝色"时，我非常吃惊。询问之后发现，他们似乎是通过记住某种颜色的物品的集合，来掌握这种颜色的概念。比如，红色是"苹果""草莓""番茄""嘴唇"等"让人感到温暖的颜色"，而黄色是"香蕉""道口""鸡蛋"等"和黑色组合在一起表示警告的颜色"。

有趣的是，我询问的那个人，无论如何也没法理解

"混色"。如果见过混合颜料的场景,肯定知道颜色混合之后会变成别的颜色,比如红和黄混合,会得到中间色橙色。但对于全盲的人来说,这就像把桌子和椅子混合在一起,他们无论如何也理解不了。即使他们知道"红色+黄色=橙色"这个规律,也无法理解那是一种怎样的感觉。

看得见就一定有"死角"

让我们再次回到富士山和月亮的例子。看得见的人将三维的物体二维化,而看不见的人则会原原本本地以三维视点认识物体。也就是说,前者用的是平面思维,后者用的是空间思维。

于是,我产生了一个想法:是不是只有看不见的人才能够将空间作为一个空间来理解呢?严格来说,看不见的人脑海中没有看得见的人那种"二维图像"。但也正因如此,他们才能将空间作为一个空间来理解。

我为什么这么认为呢?因为只要使用视觉,就会存在"视点"。视点,即"从何处看空间和物体",也可以说是"自己所在的地方"。当然,这并不是说我们非得站在某个具体的地方才能获得某种视点。在看画和照片时，我们不需要处于画家和相机实际所在的地方，同样能获得他们的视点。看显微镜照片和望远镜照片时，我们甚至能够处在肉眼看不见的视点上。我们从哪里将目光投向空间和物体，哪里就是我们的"视点"，这一切也可以在想象中进行。

即使处于同一个空间，不同的视点也会带来不同的画面。在同一个房间里，从高处看到的和从低处看到的画面正相反。更有甚者，当你以虱子的视点从地板往上看时，或者以苍蝇的视点从天花板往下看时，肯定会看到完全不一样的风景。然而，只要我们以自己的身体看世界，便不可能同时拥有多个视点。

因此，我们所看到的，只是我们眼睛看到的事物，充其量只是"从我的视点看到的空间"，而无法以实际的三维模式去理解一个空间。

"太阳塔"有几张脸？

再举一个例子。这是广濑浩二郎经常举的例子。

广濑的工作单位——国立民族学博物馆，位于大阪的世博纪念公园内。1970年，这里是人气爆棚的大阪世博会的举办地，如今则是一个占地面积广阔、环境优美的公园。国立民族学博物馆就在公园的一角，位于过去世博会的主会场"节日广场"对面的左手尽头。

说起世博会的标志，毫无疑问是冈本太郎[①]设计的"太阳塔"。虽说太阳塔是"世博会的标志"，但太郎本人对世博会的进步思想是持怀疑态度的，所以才会设计出太阳塔这样冲破丹下健三的"大屋顶"[②]、直指苍穹的建筑——这无疑是对丹下的羞辱。可以说，太阳塔其实是"反世博的标志"。如今，大屋顶仅部分残存，而太阳塔依然耸立于大地之上，这样的雄姿，真正称得上"世博公园的主人"。

广濑问我："你知道太阳塔有几张脸吗？"大部分看得见的人都会做出同一个回答："两张。"确实，一眼

---

① 冈本太郎（1911—1996），日本艺术家。以"艺术即爆炸"为口号，被称为"日本的毕加索"。
② 1970年大阪世博会主会场，由著名建筑师丹下健三（1913—2005）设计。

就能看见太阳塔顶上有一张"金色的小脸",身体中央还有一张"大脸"。

然而实际上,太阳塔有三张脸。除了刚才说的两张,太阳塔背面还有一张略显恐怖的脸,被称为"黑色太阳"。这和上文提到的月亮、富士山的例子相似,看得见的人一般会默认从世博公园入口看到的样子,就是太阳塔的样子。被这个视点所束缚,便注意不到背后还有一张脸。

俗话说,"眼不见,心不烦"(out of sight, out of mind),这意味着没有进入视野的事物,自然会被轻视和遗忘。而且,对于看得见的人来说,脸长在正面天经地义,不会想到背后竟然还有一张脸。

广濑说,通过模型来认识太阳塔的视障人士,通常不会产生这种误解。因为他们的模型能触及所有的面,所以不会被特定的视点束缚。他们所理解的太阳塔是整体的、立体的,包括两只手臂的粗细、头的倾斜程度等。

无视觉,则无死角

总而言之,看不见的人是没有"死角"的。与此相对，看得见的人只要尝试去看，就一定会有看不见的地方。接着，对于那些视觉死角，他们只能想着"大概是这样的吧"，用想象来弥补。

但看不见的人本就不去看，所以"只要尝试去看，就一定会有看不见的地方"这种情况不会发生在他们身上。无视觉，则无死角。从大冈山的例子也能感受到，看不见的人不会被自己所处的位置束缚，以一种鸟瞰的、抽象的方式理解事物。他们不以"在我看来是怎样的"，而是以"各部分的客观关系是怎样的"来理解事物的存在。正是这种客观性，使他们独特的三维理解方式成为可能。

我不是在强词夺理，但有时候，正因为看不见，人才能发挥想象力。因此，死角也不是完全不可取，比如"月亮背面的秘密基地"这种科幻设定，看不见的人就无法理解。和"看不见的东西"打交道的，说不定是看得见的人才对。

对了，太阳塔其实还有一张"看不见的脸"——位于地下展厅的"第四张脸"。这是冈本太郎作为看得见的人才能想出的，看不见的创意。

正面即背面，背面即正面

可能有人会说，哎，我虽然能看见，但我也很清楚太阳塔上有三张（四张）脸啊。在美术方面多少有些造诣的人，可能不觉得这是什么"难题"。

那么，知道太阳塔地面上那三张脸的人，认识太阳塔的方式是否就和看不见的人一样呢？我认为不一定。即使在脸这里没有"死角"，不代表就可以像看不见的人一样三维地认识事物。可能连设计师冈本太郎本人，也无法像看不见的人那样认识太阳塔。

这到底是怎么一回事呢？看得见的人认为，第三张黑色太阳的脸是太阳塔"背面的脸"，我也不例外。我们都会这么理解：有红色锯齿状花纹和两张脸的那一面是太阳塔的正面，黑色太阳则是"藏在太阳塔背面的脸"。

太阳塔整体呈现的本就是人体的形态，因此我们自然会这么理解：红色锯齿状那面是肚子，黑色太阳则在背后。问题在于，我们为什么会认定有肚子的才是"正面"呢？

对于看得见的人来说，空间和面有着金字塔般的价值排序，"正面"这个词直接显现出了这种价值的序列。就人体而言，有脸的是正面；如果是建筑，外立面为正；如果是瓶罐，那么有图案的就是正面……"端正的一面"，即"适合被看到的一面"，被称为"正面"；与之相对的面则被机械性地判定为"背面"。这一面有时也会给人不正当的、反社会的，甚至有点不三不四的感觉。"后街""走后门升学""背地里"这些叫法，很好地体现了这种语感。

先天看不见的人，在衡量正面和背面的价值时并没有金字塔般的等级概念，所有的面在他们心中都是平等的，正面即背面，背面即正面。比如太阳塔，三张脸是等价的。通过模型来认识太阳塔时，他们并不会区分这张脸是作为正面的正确的脸，那张脸是背面隐藏的脸。正因他们抛开了一切视点，平等地对待每一面，才能实现这样的认知。

说白了，着重于"脸"的元素设计出太阳塔，便印证了它是看得见的人才会创造出的作品。因为对于看不见的人来说，脸在各个身体部位当中算不上特别。要想了解一个人的性格、感情和身体状况，声音比脸更加重要。这种对"脸"的执着，见于太郎的所有作品。太郎既是文化人类学者，又为"耐人寻味的面具"所陶醉，可以说，他是一位出色的"看"的艺术家。

内外等价

正面即背面，背面即正面。"内"与"外"也是相同的情况。对于看得见的人来说，内与外完全不同。外是看得见的，内是看不见的、被隐藏的。但对于看不见的人来说，这种区别从一开始便不成立。

这是一位盲校的美术老师举的例子。在课堂上，这位老师让学生用黏土制作立体物品。有个全盲的孩子做了一个类似罐子的东西，并开始精心地在罐子内部雕刻起来。看得见的人如果要精雕细琢，肯定更注重外表。那孩子却从罐子内部做起。这说明在他心中，罐子的"内"和"外"是等价的，他绝不是想要把花纹"藏"在里面，只是在罐子的"表面"上雕刻罢了。

其实，太阳塔也有"内里"。那是一个巨大的树状艺术作品,表现了生命的进化过程,被称为"生命之树"。由于伤痕累累,很长一段时间都没有开放参观。经修复后,"生命之树"预计今年(2015年)内将重新面世。1970年世博会时,游客可以乘坐扶梯参观孕育着生命之树的太阳塔"胎内"。

不清楚看不见的人大脑中是否存在能够再现太阳塔内部的模型,但对于他们来说,内部和外部是等价的。也许在他们的理解中,太阳塔翻过来就是生命之树,生命之树翻过来就是太阳塔,就像内外两用的物品那样,内外可以互相转换。

不仅正面和背面的三张脸是等价的,外部的太阳塔和内部的生命之树也是等价的。当我尝试理解看不见的人对于空间的感觉时,一种太阳塔要融化了的感觉向我袭来。对于看得见的人来说,用三维的方式直接理解三维事物,真是令人头晕眼花。

因为看不见所以"不受视点束缚",这一特征竟会让人们认识空间和事物的方式发生如此大的改变。由此产生的差异进一步带来了语言意义上的差异、感知土地的差异和信息处理的差异。

八

　　本章从大冈山、月亮、富士山、太阳塔的认知方式入手，探求了看不见的人是如何理解空间及空间内的立体物体的，即他们对空间的"看法"。

　　"没有视点"起到了决定性作用。正因为不受视点束缚，看不见的人能够脱离自己的实际位置来俯瞰土地，能够将月亮作为球形的天体来认识，能够对正面和背面不加区别、平等地"看到"太阳塔上的三张脸。

　　平等对待所有的面、所有的点，对受困于视点的看得见的人来说非常困难。相较于看不见的人，我们知道了自己利用视觉认识到的空间和立体事物是多么平面化。当然，就信息量而言，看不见的人掌握的信息有限。但正因如此，他们可以不受信息摆布，不失为一种优势。

　　即使面对的是物理性质相同的空间、物体，看得见的人与看不见的人从中发现的意义也是完全不同的。通过本章，你是否感受到了这个"意义"的有趣之处呢？

　　接下来，在第二章中，让我们一起聚焦看不见的人如何利用感觉。本章中，我尝试说明了空间和物体等"知觉对象"带来的不同意义，下一章关注的则是"产生知觉的主体"。

前文写到，当我尝试理解看不见的人对于空间的认知时，我便感到太阳塔要融化了。同样，了解看不见的人如何利用感觉，应该也会将我们关于身体的那些理所当然的想法全部融掉。因为紧张刺激的"变身"，第一步就是抛开所有"理所当然"。

第二章

感 觉

用手阅读,用耳朵望

本章聚焦于看不见的人的"感觉"。看得见的人与看不见的人之间，利用感觉的方式有怎样的差异呢？

看不见的人无法用视觉来感知。那么，是不是只要将视觉剔除，就能成为看不见的人了？当然不可能。有一种说法，叫"三只脚的椅子自有它的站立方式"。也就是说，除了视觉，看得见的人与看不见的人利用听觉等其他感觉的方式也是不同的。

简单来说，看不见的人会充分利用视觉以外的感觉来弥补视觉的欠缺。但这么说好像也不完全对。当我逐渐体会他们利用感觉的方法时，我意识到我们关于"看"的理解是多么狭隘，多么缺乏灵活性。

所谓视觉，不应该是更加多样的、流动的吗？必须要用眼睛，才能看见吗？在这一章中，我希望通过探究看不见的人"看"世界的方法，拓宽我们关于视觉、关于身体的思考。

盲人,是"拥有独特的听觉和触觉的人"?

盲人,拥有独特的听觉和触觉。他们拥有不可思议的耳朵,只凭声音就能理解当下的状况;他们拥有独一无二的双手,只凭触摸便能区分质感的微妙差异。他们的感受,与看得见的人有天壤之别——说起"盲人的感觉",应该有不少人是这么认为的吧?

我们首先从质疑这种看得见的人常有的印象开始。盲人,真的有着独特的听觉和触觉吗?

的确,在某种意义上,他们拥有卓越的听觉和触觉。先天全盲的白鸟建二(严格来说,白鸟小时候还是能看见的,但他对此已没有记忆)充分运用听觉,根据各种声音的回声,来掌握自己所处环境的信息,如水烧开了、门关上了。

他以各种细微的声音为线索,在脑海里构建房间的形象,如水壶在哪个方向、房间的大小、家具的位置、窗户是否开着、窗帘是否拉上等等。

除此之外,还有人能够根据声音判断女性朋友是否化了妆。是因为化了妆,"声音的张力"会变得不一样吗?对于看不见的人来说,声音是了解对方性格和心情的重要途径。有的人甚至会因一句话迷上对方,可谓"一听钟情"。这不是"颜控",而是"声控"。也有人说,比起说话声,通过脚步声更能了解一个人。可能有听起来长得帅的脚步声,或者听起来自信可靠的脚步声吧……

全盲的黑人少年本·安德伍德,因独特的回声定位能力闻名世界。他通过不断短击舌头发出声响,用回声把握自己所处的空间。回声定位普遍被认为是海豚和蝙蝠才有的能力,本却能熟练运用这种方法自由地玩滑板和打篮球。

广濑浩二郎从研究室的书墙里找书时,也能凭借书脊的触感找到自己想要的书。连一周一次来帮忙的工作人员都找不到的书,广濑不用眼睛看就能找出来。"哇,太厉害了!""盲人的触觉果然不一般!"人们得出这种结论也无可厚非。

没错,看不见的人的确非常积极地利用着听觉、触觉等视觉以外的感觉。但事实上,他们只是在用看得见的人没有用过的方法来使用这些感觉。因此,首先认识到这种差异是非常重要的。

特殊对待带来的两个问题

然而,承认差异和特殊对待是两码事。

可能有人会认为,既然"视障人士好厉害!"是一种夸奖,那特殊对待不算是一件好事吗?这种态度会带来两个问题。以下说的两个问题,不是我个人思考得来的,而是看不见的人直接与我分享的、他们实际感受到的别扭。

第一个问题是,在"好厉害!"这句惊叹背后,包含着一种轻蔑的目光,即认为看不见的人是更低一等的存在。"好厉害"并不只是单纯的"好厉害",而是"明明眼睛看不见,还能做到常人做的事,好厉害"。

当然，说出"好厉害"的人，应该也不是本着蔑视他人的目的才说的。但看不见的人仍能感受到，说出这些话的人在潜意识中，还是认为看不见的人理应做不到看得见的人能做的事。

从书架上找到一本书，这对看得见的人来说理所当然。对看不见的人来说，这同样是理所当然的事。对于自己本来就能做到的事，却被夸"好厉害"，谁都会有"喂，别瞧不起人啊"这种感觉吧。

所以，就像序章里写到的那样，我不会说"好厉害"，而会说"好有趣"。同样是找书，当别人用和自己不一样的方法达成目的时，我便会感叹："咦，原来还可以这样！"站在这种"有趣"的角度，会让人感觉是在平等地交流彼此的差异。

第二个问题是，特殊对待会固化大众对盲人的印象。以走路为例，有的人依靠声音，有的人通过盲杖和脚底的触感获取信息，有的人凭借吹过脸颊的风来判断哪里该转弯、电梯间在哪儿等，有各种各样的方法。

而同样利用触觉的人里，有特别慎重、"摸着石头过河"的类型；也有先伸出盲杖或脚，撞到就知道墙和柱子在哪里了，属于"走一步看一步"的类型。在车站看到走向墙壁的行人时，虽然很想大喊"危险！"去提醒他们，但碰撞，才是他们认识事物的方式。

对看不见的人，我们总是下意识地一概而论。实际上，如何生活、如何利用感觉，他们有着各种各样的方式。而"看不见的人，听觉和触觉都非常灵敏"这种特殊对待，难免会掩盖掉这种多样性。

"我可不知道水壶放在哪里。"木下笑着说。还有另一种认识事物的方法，那就是多向别人提问——这不需要多么敏锐的感觉也能做到。如果无视这种多样性，一开始便带着"看不见意味着触觉一定非常敏锐"这种态度和看不见的人接触，你口中称赞的"好厉害"，反而会给对方带来压力。

在过去，"盲人巫女""盲侠座头市"[①]这一类异于常人的角色，让视障者在社会中拥有一席之地。考虑到特殊对待也能够保障看不见的人的社会地位，或许不能将之全盘否定。

[①] 日本小说、影视作品中的经典形象。"座头"为日本古代对盲人的一种称呼，"市"为人名。

然而，因为特殊性而将看不见的人神圣化，到头来只会让我们与他们的关系越来越远。本书将"变身"视为座右铭，我便想要探寻方法，帮助我们将视障人士当作身边的"朋友"和"邻居"一样的存在。这样一来，我希望能创造出一种新的关系，即我们和视力障碍者共同作为社会的一分子进行交往。

误解一：盲人 = 盲文

举一个看不见的人"不那么特别"的例子——关于他们的触觉。

"看不见的人能够触摸盲文理解事物，那么不管什么东西，只要摸一摸就能知道是什么吧，好厉害。"在和看不见的人打交道之前，我也曾这样想。我们很容易形成这样的刻板印象：说起盲人，就会想到盲文；说起盲文，就会想到触觉。在车站里的指示板等地方经常能看见盲文，进一步加深了这种刻板印象。

实际上，并不是所有盲人都能读懂盲文，就算能读懂盲文，也不完全因为触觉敏锐。也就是说，"盲人 =

盲文""盲文＝触觉"这两个公式都经不起推敲，无法让人信服。

先来看看"盲人＝盲文"这个公式。2006 年日本厚生劳动省的调查结果显示，当时日本国内视障人士的盲文识字率为 12.6%。虽然这是很久以前的数据了，但它说明视障群体当中仅有一成左右的人能读懂盲文。

低识字率的原因之一在于盲文的学习难度。都说从小开始学英语就能熟练掌握 L 和 R 的发音[①]，同样，如果不在小学高年级之前开始学盲文，日后很难达到快速阅读的水平。对于成年之后因事故或疾病而丧失视力的人来说，盲文的学习难度非常大。

即便能读懂盲文，要想自己写盲文，难度也特别大。用手扎完盲文后，需要把纸翻面才能阅读，这样一来，文字的顺序就左右颠倒了。这种不同于其他语言的特点，也是盲文难学的原因之一。当然，盲文有自己的文化，不会因为它难学，就说它是一种劣等语言。但现

---

① 因日语的发声规律，发出这两个音对日本人来说难度较大。

实的问题是，如果想要熟练使用盲文，必须付出相当大的努力。

低识字率还有一个原因是，电子化和网络越来越发达，掌握盲文的必要性也随之减少。如果是电子文本，可以通过朗读软件来听。利用"SAPIE"网络图书馆，几乎能同步读上月刊和周刊，还可以提前下载好音频，在通勤、上学的路上听。这是全国志愿者共同努力的结果。这样一来，实际状况或许是，即使会盲文的人，"在日常生活中使用盲文的地方大概也只有整理时用到的标签"。

电子化对年轻一代的视障者影响更大。在看得见的世界里，年轻人"不读书"的现象已经持续很久了，在看不见的世界里，"不读盲文"的现象同样愈加明显。直面电子化浪潮的年轻视障者，和看得见的人一样能用电脑、手机收集信息。熟练使用智能手机的视障人士也越来越多，使用触摸屏更是不在话下。

误解二：盲文 = 触觉

另一个公式，"盲文 = 触觉"，同样不可轻信。即使你能想象"不读盲文",这里要说的"盲文＝触觉"背后的实际状况应该也会让你非常意外。

比如,递给能读懂盲文的人两条毛巾,问他能不能摸出两条毛巾质感上的差异……回答并不见得是肯定的。总之,理解盲文的能力,和区分毛巾质感的能力完全不同,详细的内容将在后文展开。理解盲文,比起触觉能力更需要的是阅读能力,近似于看得见的人用眼睛做的事。

如果不清楚这一点,而断然用"盲人＝盲文＝触觉"这样的公式来对应实际状况,久而久之容易形成一种思维定式:将盲人需要的信息,全都做成触摸式即可。比如说,提供给盲人的图形、绘画类信息,就制作成凹凸压印的版本。凹凸压印,即让线条部分凸起的印刷工艺,也称为"浮雕印刷"。通过触摸凹凸图形进行观察,称为"触察",这种观察方式已被引入课堂,在各种场合发挥了不小的作用。但复杂一些的图形用凹凸压印来呈现,对看不见的人来说理解起来也不容易。各种线条混在一起,变成了某种新型花纹。这时,他们却很难将"我不明白"说出口,觉得"别人都特意把图形做成凹凸的了,真不好意思说我没弄懂这是什么",信息交流的阻碍也因此加深。详细的内容将在第四章进行介绍。我相信应该存在某种方法,不是单纯地传达关于图形的"信息",而是传达灵活的、令人愉快的"意义"。

误解三:将触觉与快感相联系

况且,对看不见的人来说,触摸本身并不是一件快乐的事——这是最根本的问题。将触觉和快感联系起来,大概是看得见的人这边的价值观。确实,抚摸毛皮,或被抚摸,能让我们感受到亲密,或唤起我们的情欲。但盲人的"触察"和抚摸是不同的,一个触摸的是物体,另一个触摸的是被立体化的信息。即便通过触摸获得的内容是愉快的,触摸这一行为本身也并不愉快。这跟看得见的人并不会觉得"看"这个行为本身愉快是同一个道理。

此外,看不见的人当中,也有人担心在公共场合触摸会给别人留下不好的印象。确实,孩子在商店里把商品乱摸一通，被店员提醒或挨家长批评的情况经常出现。正因为明白看得见的人的这种价值观，才会有视障人士考虑"如何做到不触摸也能掌握情况"。面对有这种想法的盲人，如果也用"既然他们看不见，就为他们做成可触摸的吧"这种态度来解决问题，事情会变成什么样呢？显然我们的善意没用对地方。

感觉的金字塔

"在公共场合触摸会给别人留下不好的印象"这种想法，与"感觉当中有着金字塔等级排序"这一传统观念密切相关。换句话说，人体的五感并不是平等的，有价值的优劣之分。这种关于感觉的等级排序至今仍根植于我们脑中，对此我想进行一些补充说明。

五感中最"优秀"的感觉是什么？你应该猜到了，正是视觉。尽管时代变迁，视觉作为"感觉之王"的地位也基本没有变化。不过，这并不是因为我们通过视觉可以得到最多的信息，而是视觉的功能更具备"精神性"。姑且不谈眼见事物的真假，将看到的和认识到的结合起来,这一思考方式不论在东方还是西方都很普遍,"眼见为实"(Seeing is believing)、"百闻不如一见"这些说法便是代表。

排在视觉之后的感觉是听觉,听觉也常被认为与精神层面的活动有关。就像"神谕"一词所包含的意味,听觉常与那些超现实、超世俗的经验联系在一起,这也是听觉有趣的地方。如果说眼睛代表理性,那么耳朵便代表灵魂。最近,我们常常能接触到用"VOCALOID"这类软件合成的人声。看到二次元的角色时,我们心里清楚这些角色不是真正有血有肉的人类,却时常能从他们的声音里感受到"灵魂"——这就是听觉独有的特征。

视觉和听觉,这两个感觉占据着压倒性的地位,此后才是嗅觉、味觉和触觉。区分"视觉、听觉"和"嗅觉、味觉、触觉"两大阵营的标准是,是否需要接触感知对象。利用视觉和听觉时,比如看书、听琴声,眼睛和耳朵不会直接与其所感知的事物——书和钢琴接触。器官和感知对象之间是分开的、有距离的。

相反,嗅觉、味觉、触觉都需要与感知对象产生物理接触。触摸事物产生触觉，舌头接触到食物产生味觉。嗅觉则比较微妙，考虑到感知对象散发的粒子的化学作用，在广义层面上也可以说是一种接触。

不管怎么说，按照传统的观念，视觉在感觉的等级序列中居于首位，触觉则居末位。虽然也有重视触觉的思想家，但那充其量也只是将触觉放在了"反视觉"的位置上。

所谓教育，就是从触摸的世界走向看见的世界

先不说这个观点的真伪，但可以肯定的是，时至今日，人们仍对这个观点深信不疑。只要想想大人们怎么教育孩子就能明白。

我自己也被母亲教育过好几次——"不许摸！""不要舔，脏！"等等。小时候，不论是护栏上的白色粉末、电车的窗户，还是桌下的灰尘、帽子的橡胶绳，所有东西我都想用手去摸、用嘴巴去尝。母亲大概是担心卫生问题才说我的，但对我来说，接下来发生的事情就好像要把自己的身体从感知对象上剥下来似的。

要说孩子最想触摸、最想舔舐的对象，就是母亲的身体。我当了母亲之后才明白，孩子对母亲的身体异常执着。与其说是执着，不如说孩子在两三岁之前，都认为母亲的身体是自己身体的延展。在孩子心中，母亲和自己的分界线还是模糊的。

关于这一点，我也有一个小故事。我儿子两岁的时候，他说打不开果酱瓶的盖子，拿到我这里来。我说"好"，接过瓶子开始拧瓶盖。这时候，我发现面前的儿子也开始用力，发出"嗯——"的声音。我想，他心里肯定清楚开瓶盖的是妈妈，但身体上还是会有自己在开瓶盖的感觉。他大概相信着什么奇迹吧，才会向妈妈传送一种应该说是"气"的东西（关于"气"，将会在第三章进行说明）。

从上述模糊的连接状态，到利用眼睛的力量将自己与感知对象分离、明确界线，即从低层次的感觉，过渡到高层次的感觉。所谓教育，就是让孩子从触摸的世界走向看见的世界。

盲文不是用来"摸"的，而是用来"读"的

我认为，这种价值金字塔的说法本质上就是错的。并不是因为它把各种感觉按价值排序，而是因为人类的感觉明明有五种，却将"看"当作眼睛的"专利"，在我看来，这个观念本身就有问题。

这是什么意思呢？让我们回到前面提到的"盲文=触觉"这个公式上。这个公式，正是建立在"盲人拥有独特的触觉""所有东西都做成可触摸的就好了"这种先入为主的观念上。然而，阅读盲文只需触觉发挥作用，其实是不对的。下面，我想仔细谈谈这点。

目前最常使用的盲文，是19世纪前半叶由法国的盲校教师路易斯·布莱叶（1809—1852）发明的。布莱叶盲文由横向两个、纵向三个，共计六个点组成，点依据一定的规则排列，也就是有一套模板。而且，为了让模板简单易懂，点向上凸起的高度、点与点之间的间隔是固定的。记住这个人工设计的模板，就能理解盲文。

但盲文以外的事物没有这种模板，比如之前提到

的毛巾，即使根据特定的工艺编织制作，在它身上也不存在什么分节或规则，能够让人类将其视为"阅读"对象。皮肤的触感、手的触感、舌尖的触感，这类看得见的人在心中描绘的触觉，是连续的、不间断的，没有盲文中数字化的"单位"。而且，触觉，是反复触摸同一个地方，长时间地体会某种触感。这和触摸盲文是完全不同的行为。触摸盲文，理解了一个字的意思之后就会摸向下一个字，如此反复。

概括来说，盲文不是用来"摸"的，而是用来"读"的。没错，看不见的人是把手指放在盲文上，用触觉来感受凹凸。但在这过程中，他们实际上是将记在脑子里的模板和指尖摸到的点的布局进行对照。摸清了点的布局，就能知道："啊，这个形状的是'ま'字，下一个是'か'。"

也就是说，看不见的人阅读盲文，和看得见的人认出纸张或屏幕上由点和线组成的模板后，将它们作为文字来理解，并用它们构成意义，两者是一样的行为。不论是孩子写出的"あ"，还是书法家写出的"あ"，只要线条的布局一致，就能视作同一个文字而被人理解。这个认识模板的过程即为"读"。而用触摸区分毛巾的质感，相当于从"质"的层面上区分孩子写的字和书法家写的字。孩子和书法家的字，很容易区分，但如果是特别细微的差异，就涉及笔迹鉴定的专业领域了。因此，能读懂盲文，和能找出毛巾质感的细微差异，是两种不同的能力。

同样是利用手指实施的行为，"读盲文"和"摸毛巾"相差甚远。说起来，"读盲文"更接近"用眼睛读手写或印刷出来的字"。关于这一点，生理学领域正在开展一项有趣的研究。

据生理学研究所（NIPS）定藤规弘教授团队[1]的研究，看不见的人读盲文时，大脑中负责视觉的部分，也就是视觉皮质层相当活跃。换句话说，大脑里原本"用来看的地方"，处理着来自盲文的信息。关于大脑的可塑性研究近年来备受关注，看不见的人的大脑因为不需要处理视觉信息，对应的皮质层就被征用来处

---

[1] 定藤研究室（Sadato Laboratory），是日本生理学研究所下属的脑科学研究团队，以与认知、记忆、思考、行动、情绪等相关联的人类大脑活动为中心展开研究。

理视觉以外的信息。（视力正常的人的大脑不会出现这种情况。）

"看"是眼睛的专利吗？

盲文靠触觉，文字靠视觉。虽然使用的器官不一样，实际的作用却很相似，这个作用即为"读"。从日语的一般感觉来说，"读"是一种视觉能力，是"看"的一种形式。考虑到盲文也是用来"读"的，我觉得这种理解是相当错误的。不用眼睛也能读，进一步说，不用眼睛也能看。"看"，并不是眼睛的专利。

我曾参加一个面向视障人士的生活辅助用品展览会。在展览会上的经历，是促成我上述思考的契机之一。会场中展示了很多对视障人士有用的物品，如盲文打印机等。其中一个展位上正在展示一个不同寻常的装置，使用时需要将它像发带一样缠在额头上。我问那是什么装置，对方告诉我，戴上它，不用眼睛也能分辨脚边的障碍物和道路边缘。

首先，装置会把眼前的风景或图像瞬间变成位图，再转换成电流刺激。与装置接触的额头，相当于输出的屏幕。通过额头表面接收到的刺激，眼睛看不见的人可以知道"物体在那里""物体从右向左移动"等。在演示中，装置与DVD播放机相连，可以用接收电子信号的方式观看迪士尼动画。我觉得很有意思，于是在展位前排队。

没过多久就轮到我了。果不其然，和我预想的一样，就算戴上这个高科技发带，别说物体的立体感了，我什么刺激都感受不到。要求使用最大的电压后，总算感受到一丝丝触电般刺刺的感觉。但很遗憾，这款产品对我来说就像一种低频按摩器。

排在我后面的视障人士试戴的反应却截然不同。一开始似乎戴着不怎么合适，工作人员给他进行微调时，他惊呼："看见了，看见了！"每当与DVD播放机相连的屏幕里有松鼠跑来跑去，他都会惊讶得大叫。一名眼睛看不见的人，说出了"看见"这个词。

将"看"和眼睛分离

确实，在与视障人士接触的过程中，我经常听见他们很自然地使用"看"这个词。其中大部分只是出于习惯，也就是说他们在配合词语的标准用法说"看"这个词。比如，他们不会说"听电影"，而会说"看电影"，因为这样在日语里更自然，并不意味着他们真的能看见。

即使是眼睛看得见的人，当话语中出现"看来""错看""乍看"这类与"看"有关的惯用表达时，也不代表他们真的在使用视觉。这一类表达和实际的视觉体验或感受没有关系。（不过，这些词语在最开始使用时，多少还是和视觉体验有关联的。语言与身体的关系十分复杂。就像通过按压瓶口让人无法说话的催眠术一样，语言也能对身体起作用。）

然而，我们也不能说眼睛看不见的人口中的"看""看得见"，全都单纯地是语言习惯所致。据我观察是这样的：他们应该也会使用"看""看见"来指明自己的主观经验和感受，就像眼睛看得见的人说"能看见对面有座山"一样。我希望如此。至少前述那名视障人士在戴上高科技发带装置后惊呼出的"看见了看见了！"，不是因为语言习惯。毫无疑问，那是表示他的体验和感觉的"看见"。

这是我作为一个科技外行的想法。高科技发带能让视障人士产生"看"的经验,大概是因为它选取了额头作为接口。换句话说,额头有以下特点:1.是一个平面;2.距离大脑和眼睛很近;3.因为人们平时不会将额头当作触觉器官,它的功能比起传感器(能动),更适合用作显示屏(被动)。如果额头没有以上这些特征,从发带传送过来的电刺激,大概会被拆分成无数触觉刺激,也就无法整合成"看"这一体验了。

总之,这位视障人士没有使用眼睛,却有了"看"的体验。当然,根据常识,"看"无论如何都是眼睛的功能。但被夺去了眼睛及视觉神经的生理功能的人,在现实中似乎也能"看"事物。至少在不使用眼睛的情况下,也能获得与"用眼睛看"相近的体验。

如果是这样的话,我们通过"看"这个词语所联想到的体验和感觉,将和我们根深蒂固的认知产生巨大差异。

这就涉及如何定义语言的问题了。若按哲学家维特根斯坦[①]的观点"语言的意义在于使用",那我们应该将视障人士使用"看""看见"的实例包含进去,再来理解"看"这个词语的意义。

也就是说,正确的观点应该是:将"看"和眼睛分离,眼睛及视觉神经的生理功能不是"看"的必要条件。

用耳朵"望",把握情况

不是一定要有眼睛才能"看"。如果我们进一步细分"看"这个行为,就能理解这个想法一点儿也不奇怪。前面已经讨论过"看"的分支之一"读"和盲文之间的关系。不论是用眼睛"读",还是用手指"读",使用的器官不一样,认知类型和集中注意力的方式还是相同的。这在"看"的另一个分支——"望"中也是一样的。

走进服装店,没有什么特别想买的,只是浏览店里的商品,这种时候便是"望"。"没有什么特别想买的"这一点很重要,如果因为太冷了想要买一件毛衣,那便

[①] 路德维希·维特根斯坦(1889—1951),20世纪最有影响力的哲学家之一,主张认识不能超越于经验之外。

变成了"找"。换句话说，硬要定义的话，"望"不聚焦于特定的对象，而是收集身边各种事物的信息，尽管眼下这些信息和自己没有多大关系（但说不定未来会有关系）。

不用多说，这利用视觉以外的感官也能做到。比如，坐在咖啡厅发呆时，我们会无意中听到后面一桌客人的谈话声和外面的车声。按照前述的定义，这就是"望"。看不见的人，只能通过用耳朵"望"来把握咖啡厅里的状况。对于"资历"比较老的视障人士，这种能力更强。比如，他们在与他人对话时，已经通过声音把握了周围的情况，用不着问别人，他们也能知道厕所的位置。"望"捕捉的不是即时需要的信息，但就把握状况来说，是一种必不可少的认知模式。视障人士并不拥有"独特的听觉能力"，只是利用耳朵，来完成看得见的人用眼睛做的事罢了。

手和屁股，也有和眼睛一样的功能

同样，"注视"也不是眼睛独有的功能。语言中也有"倾听""专心听"这样的表达，在生理层面上，"鸡尾酒会效应"更为知名。鸡尾酒会效应是指，在嘈杂如鸡尾酒会的环境里，人可以选择性地只听自己关注的人所说的话。这一效应说明，不仅是视觉，其他的感觉一旦聚焦于特定的对象，同样不会意识到除此以外的信息。

话虽如此，大多数看不见的人并不擅长应对嘈杂的环境。如果超过六个人围着一张桌子谈笑、吃饭，想要区分清楚每一个人会非常吃力。

另外，也有看不见的人说，自己得费神抓住插话的时机。我留心观察后发现，看得见的人，会在对话中时不时注意对方的嘴唇。对方停下了自己就张口，对方的嘴开始动自己就停下，就这样边对话边进行微调。但看不见的人做不到这一点。即使在双方都看不见、"先开口即赢"的情况下，仍有人会将对方当作看得见的人，斟酌着开口的时机。

再比如说，也并非只有眼睛才能捕捉透明物质。透明物质，就像眺望远方时面前的窗玻璃、空气一样，"它存在，但又能当它不存在"。物理意义上，透明物质确实存在，但我们会穿过它感受另一面的事物。实际上触觉也具备同样的性质。

比如，我们抓手腕时能感受到手腕的骨头。用来抓的手掌与抓住的手的骨头之间，隔着皮肤、肌肉、血管和脂肪等，我们却能透过这些，感受到内部的骨头。

开车时，我们的屁股坐在坐垫上，却能感受到道路的起伏。屁股并没有直接与路面接触，但通过坐垫、车体，我们可以感受到震动，从而感知到路况。

换句话说，除了眼睛，手和屁股也能体验"透明"的感觉。不只是看不见的人的手发挥着视觉的作用，看得见的人的手和屁股，也同样发挥着和眼睛一样的作用。

用耳"看"，用眼"听"，用鼻"吃"，用口"闻"

用手"读"，用耳朵"望"，用屁股"感受透明"……也就是说，我提倡"做一件事用什么器官都可以"。重要的不是"用什么器官"，而是"如何用器官"。

"读""望""注视"这些能力，并不是特定器官的功能。它们应该被视为一种认知模式，或一种集中注意力的类型。如"读"代表的是"认识某个模板后，理解该模板连续出现时产生的意义"，"望"代表的是"提前捕捉非即时需要的信息"，"注视"代表的是"选择并感知特定对象"。

拿生物世界打比方：不论是像鸟一样用羽翼，还是像昆虫一样用翅膀，或像飞鱼一样用胸鳍，尽管使用的器官不一样，但都产生了升力，达到了飞翔的目的。从进化论的角度考虑，鸟的翅膀是从"前脚"进化而来的，但已经不再用来走路。换句话说，当跑和走不再是脚的功能时，诞生了鸟这种生物，脚能用来飞了。进化，就是从某个器官中得到了意想不到的能力。考虑到这一点，我们便能想象，器官与能力之间的关系绝不是一成不变的。

广濑告诉我，出口王仁三郎[①]的一首短歌一直支持着他的研究活动。"不用耳看、用眼听、用鼻吃、用口

[①] 出口王仁三郎（1871—1948），日本宗教家。曾因预言关东大地震、日本战败、广岛核爆而广为人知。

闻，则不知神。"出口王仁三郎是日本大本教[①]的教祖，所以用了"神"这个表达方式。广濑说，如果把"神"换成"真理"，这句话就适用于所有人了。用耳"看"、用眼"听"、用鼻"吃"、用口"闻"，只有像这样打乱器官和能力之间的对应关系，才能最大限度地发挥器官的隐藏能力。

换言之，器官从来都是无法割裂开来单独考虑的。我们用眼睛感受物体的质感（触觉性视觉）、从耳朵听见的声音联想到画面（视觉性听觉）、闻到甜味（味觉性嗅觉）等，这些感觉都是自然而然发生的。

广濑说："将人的感觉分为五种，是亚里士多德时代以来的传统了。但'听觉就只是听觉''视觉就只是视觉'，像这样把各种感觉割裂开来考虑，应该是近代才有的观念。"

当然，也存在无法跨越的高墙。无论耳朵和手再怎么努力，有些事只有眼睛能做到，比如四目相对。从这个动作感受到的不论是亲密还是尴尬，都不可能通过耳

[①] 日本宗教团体。教义经出口王仁三郎之手系统化，反对战争和暴力，鼓励人们以和平、友爱的方式相处。

朵实现。除此之外，我也很清楚，如看见蓝色、看见星星闪烁等，很多事情只有看得见的人才能做到。反过来说，看得见的人也不可能完全理解看不见的人的世界观。

"无法互相理解"这一点当然不能忽视，但把它放在最后就好。先尝试发挥想象力，"变身"为看不见的人，感受三脚椅而不是四脚椅的平衡。为此，首先要抛弃器官和能力必然联系的观念。拘泥于器官，看不见的人与看得见的人之间有显著的差异，但如果跳出器官的维度，我们便能看见二者间的相似性。

复健，就像进化

这个相似性之所以重要，不在于人们能因此有多理解看不见的人，而在于它带来了一种沟通的途径。如果将读盲文看作是触觉能力，对于读不懂盲文的人来说，这就是一种完全陌生的能力。这也是本章一开始所说的，为什么看不见的人会被特殊对待。

但如果知道理解盲文接近于理解文字，我们便可以在此基础上进行想象，并进一步比较这两种体验。确认差异的前提，是找出二者之间的相似性。

能否解绑器官与能力，对后天失明的人来说是很现实的问题。难波提到自己的经历，说刚失明时，触觉对他来说单纯是"触摸"的感觉，后来渐渐地接近"看"——"刚开始，摸到导盲犬只觉得那是一堆毛团""通过触摸得到的笼统印象，不能作为可靠的信息来源"。但渐渐地，"触摸"和"看"越来越相近——"当我碰到某个人的身体，我知道了'哦，这是肩膀'，我也就'看见'了与之相连的手和头"。

能在一瞬间把握整体，是视觉的特征。与之相对，按常识来说，通过触觉只能感知直接触摸到的部分。但在这里，这个常识一下子被颠覆了。

后天失明的难波，虽然眼睛这个器官不再发挥作用，但他知道"看"是一种什么样的能力。摸到人的肩膀就能"看见"手和头，当中多少有经验和知识起到的补充作用。对于后天失明的人来说，触觉感知不到的地方，由视觉印象进行了补充，二者之间的界限变得更加模糊。

不论如何，人因事故或疾病失去某种器官，就需要以类似"进化"的方式对身体进行彻底重塑。所以才说复健就像进化。就像生物把用来行走的前脚改成用来飞行一样，因事故或疾病失去某些特定器官的人，也会利用剩下的器官以不同的方式来弥补缺失的功能，从而找到新的生存方式。前者需要几千万年、几亿年，后者只需几个月到几年不等。两者耗费的时长大不相同，但都能挖掘出器官意想不到的能力。与残疾人接触时，这样灵活的"器官观"能给我们很多的启发。

⌢

本章聚焦于看不见的人如何利用他们的感觉。理解盲文，实际上并不是单纯地依靠触觉，反而与看得见的人用眼睛"读"的行为十分相似。基于这一点发现，本章提出了一种将器官与能力分开思考的身体观。

我们无意间便对某个器官形成了刻板印象，认为它就应该发挥某种作用。比如眼睛就是用来看的，耳朵就是用来听的。但是在进化的过程中，我们能够从某个器官中挖掘出意想不到的能力。动物在进化中的外形变化，无非就是某个器官背离了我们的固有印象，展现出了它的潜力。换句话说，所谓器官，所谓器官的集合体——身体，仍隐藏着许多未被发掘的功能，存在着多样的可能性。

虽然我们无法观察进化的过程，但我们可以保有进化的意识来对待身体。只有将自己的身体看作是能够进化的，才能脱离常识中"本该如此"的身体，"变身"为看不见的人。而只有这样，才能创造出本章开头所说的，超越"特殊对待"的关系。

第三章

运 动

看不见的人如何利用身体

本章将聚焦于看不见的人如何利用身体。第二章的主题是"感觉",即获取外界信息的行为。本章的重点将会放在面对外界时的"全身性能动行为",比如让手脚动起来。

但"感觉"与"运动"并不是矛盾的,二者有着密切的联系。比如"走路"这个动作,如果不用脚"感觉"地面就无法进行;反过来,当我们想知道墙壁的另一面是什么样时,这种"感觉"会要求我们进行"走路"这个动作。因此,我想在认识二者关系的基础上进行讨论。

就像"看不见"会改变人们使用其他感官的方式一样,"看不见"也会改变人们使用身体的方式。同样是走路,看得见的人和看不见的人的方式也不一样。因为看不见,而产生了特有的身体利用方式。

说起运动,首先会想起体育运动吧。本章当然也会涉及如足球等特定的体育运动,除此之外,还会关注如武道等更为广义的运动,以及作为运动基础的日常身体活动。

解明看不见的人身体利用方式的第一把钥匙

因为看不见而产生的身体利用方式是什么呢?为了明确其特征,我想先谈谈自己的经历。

"街道再无黑暗",说的正是日本高度经济成长期[①]的光景。随着时间的流逝,街上的老式蹲厕消失了,小巷灯火辉煌,到处都有便利店。在这样的街上,拿着液晶屏手机的人们熙熙攘攘。街道上再不见黑暗,已经持续了超过半个世纪。

在失去黑暗的现代,东京外苑前有一处可以体验黑暗的场所——"黑暗中对话"(Dialogue in the Dark,下文简称 DiD)。入场实行完全预约制,每个时段只能进

---
① 1955 年至 1973 年,日本经济在该时期持续飞速发展。

去固定的人数。一同进去的伙伴（基本都是初次见面的陌生人）大概 10 名，大家一起拿着盲杖，在视障人士的带领下游览全黑的空间。

一旦被丢到完全黑暗的环境中，人们就会下意识地抱紧身边陌生人的胳膊，大家肩并肩一起前进，这样的事绝不会发生在看得见的世界里。人与人之间的隔阂得以消除，这听起来是件好事（实际上，因黑暗而建立的亲密的人际关系是 DiD 最吸引人的地方），但从视障人士的角度，大概会觉得这么大的人还挤在一起，迈着小步子走得摇摇晃晃，实在是太丢人了。我去过 DiD 好几次，每次都会联想到"因害怕肉食动物而群居的类人猿"。

但这毕竟是身处黑暗之中，没办法。视觉一旦被遮蔽，身体移动就变得非常困难。首先，你无法辨别方向。在第一章我写道，看不见的人相对来说在道路上比较自由，但如果不习惯黑暗，你真的不知道自己在朝哪个方向前进。不知道哪边是墙、哪边是楼梯，也就意味着没有可以借助的事物来确定方向。

迷失方向，意味着当下的物理空间和自己身体的联系变得不明确。极端地说，我们无法在空间里实际感受到自己身体的存在。

当然，我们要是发出声音并听到同伴的回应，也能确认自己的存在。但这听起来像是没有实体的两个灵魂在对话，人虽然存在于这个空间，却没有身体。变成透明人就是这种感觉吗？不可思议的是，在 DiD 这种没有任何光线的地方，我总感觉自己变成了光所捕捉不到的存在。

而勉强能证明自己不是透明人的，正是碰到周围的人和事物时的感觉，最重要的是脚掌的触感。进入黑暗环境后，我惊讶于脚掌居然能传递那么多信息。在看不见的世界里，发挥着探照灯作用的不是眼睛，而是脚。脚下是泥土还是绒毯，是倾斜还是平坦，能否承受住自己的体重等，通过脚掌都能感知。如果以这种状态走进一间和室，或许还能根据榻榻米纹路的方向推测出墙的方位。

生活在看得见的世界里，脚被认为是用来走路、跑步的运动器官。然而，视觉被遮挡时，脚也能像眼睛、耳朵一样成为感觉器官。所以，脚同时拥有运动和感觉两方面的功能，既要感知地面状况，又要支撑人体重量，并将全身运往前方或后方。通过体验黑暗，我意识到脚发挥着"摸索""支撑""前进"等多重作用。

没错，解明视障人士身体利用方式的第一把钥匙，正是脚。如果对"触觉＝手"印象深刻，说不定会意外，原来看不见的人还会利用脚来感知事物。但无须多言，触觉是遍布全身的。

看不见之后反而不容易摔倒了

看不见的人利用脚的触觉边探察边在路上行走、上台阶。摸索着前进，脚在支撑身体的同时也在感知。"资历"较老的视障人士走在自己熟悉的地方时，摸索的动作已经微乎其微，即便如此，他们的脚或多或少还在发挥探照灯的功能。

也就是说，同样是"走路"，看得见的人和看不见的人进行的是不同的运动。在第二章，我讲到了用眼睛以外的器官来"看"的方法。同样是"用手触摸"，但对看不见的人来说，这个动作发挥着"读"的作用。这里也是同样的道理，看不见的人的脚，在"走"的同时也在进行"摸索"。

"摸索"是怎样的行为呢？想象一下我们使用探照灯的场景。顾名思义，探照灯是用来探寻、搜索的灯，通过四处移动照亮各个地方。脚也一样，作为看不见的人摸索的工具，需要仔细地四处移动。

不过这种探察的动作并不总是显眼的。看不见的人通过蠕动脚趾来摸索，但一直这样的话就无法往前走了。有人只会在着地的瞬间微微挪动脚趾，通过移动重心来改变和对象接触的方式。这种情况下，在旁人看来他们根本没动，但他们的确在摸索。

看不见的人用脚摸索，这从他们走路的方式便一目了然。看得见的人走路时，一般情况下，迈出第一步后便会毫不犹豫地转移重心。换句话说，我们不会对地面进行探察。而看不见的人不会一下子把重心转移到刚落地的前脚上。他们对最初接触到的地方抱持怀疑，一边微调一边寻找最安全的地方，找到之后才会放心地转移重心。

换句话说，看不见的人的躯干比较稳定。他们通过稳住躯干、只让身体末端的手和脚小幅度地运动，一边确认情况一边前进，确保自己不会发生大的事故。

仔细观察他们的行走方式，我们可以发现，与看得见的人相比，看不见的人的身体更垂直于地面。

我们再来观察一下他们如何上台阶吧。脚趾接触台阶后，他们会先感受一下台阶的宽度。如果台阶比较窄，他们会将重心前移，好让自己不往后倒。最后一级台阶在哪里，也是一个很重要的信息。如果是像山上那种不规则的台阶，每上一级都需要感受它的形状。当然，看不见的人通常还会借助盲杖，但可以说，他们前进时脚就像照亮前路的探照灯。

有趣的是，探察和移动重心有着密切的关系。身体进入探察模式，意味着一旦感知到危险便会马上移动重心，而身体事先就为这种迅速反应做好了准备。总而言之，就是平衡感变得更加敏锐了。我经常听人说"看不见之后反而不容易摔倒了"，我想这句话正反映出了上述身体利用方式的变化。

抱石运动和按摩的共同点

顺带一提，有一项运动能让看得见的人理解把脚当作探照灯是怎么一回事。这项运动就是抱石。抱石,指在无绳索的状态下攀爬岩石或人造攀岩墙。在攀爬的过程中,人会像蜘蛛侠一样张开手脚贴在岩壁上。

人工攀岩墙上,支撑点的大小、形状各异,既有像拳头一样凹凸的,也有像金字塔一样呈几何形状的。攀爬过程中,需要考虑哪个面、哪个角度能承受体重,确定支撑点后,先用脚够到它,然后快速地探察并微调重心。

我曾和难波一起挑战人生中第一次抱石。那时他发表了一句意想不到的感想:"这好像按摩啊!"他出人意料的视角让我惊叹,不愧是按摩专家!但我似乎能明白他为什么会这么说。

按摩师所做的,就是通过触摸患者的身体来确认其状态,同时寻找合适的方向和力度,将自己的体重压上去。原来如此,这和攀岩中寻找支撑点是一个道理。一边攀爬一边给岩壁治疗……多么有趣的想法啊。话说回来,按摩是视障人士的主要职业之一,而抱石在视障群体中也很受欢迎。二者之间或许存在什么联系。

看不见的人特有的"准备"

看不见的人就是这样不断用脚摸索着地面上最安全的地方往前走。除此之外，他们还通过调整重心，为随时可能发生的意外做好"准备"。可以说，看不见的人每天都在锻炼身体的探察能力和平衡感。

然而，我在上文只介绍了看不见的人走路和上台阶的情况。这些状态下，他们脚下的地面是静止的，即用运动的脚探察不动的地面。

但实际生活中，脚下的地面不总是静止的，比如站在电车里的时候。这时，不论是探察的主体，还是放置重心的对象——电车，都处于运动状态。

我们习惯性认为，在不平稳的状态下，看不见的人会很辛苦。但我亲身经历的一件事告诉我，这个想法不总是正确的，或者更应该说，那件事证明了这个想法是错误的。正是在不平稳的状态下，看不见的人才更能发挥他们的探察能力和平衡感。

某天下午，我乘坐的那趟电车有点拥挤，车厢里站着很多人，每一站都有人上下车。在某一站，上来了一名拄着盲杖的男性。可能是感受到了车里的拥挤，他决定什么也不扶，就这么站在车门附近。

电车启动了。顺畅地行驶了一会儿后，快到站时突然来了个刹车。虽然不是急刹车，但很多人，甚至是抓着吊环的人，都失去平衡，踉跄了一下。只见那名拄着盲杖的男性，保持着双脚打开至与肩同宽的姿势站在原地，表情没有任何改变。

当我把这件事告诉难波时，难波是这样解释的："他是不是早有准备呢？因为不知道能扶哪儿，也不想犹犹豫豫地伸手去找吊环，干脆把这当作一种平衡练习，一直叉开双脚站着。他感受着车辆启动带来的微风、车厢的晃动，这非常有意思吧。他设想电车在什么时刻会突然'咔嗒'摇晃，留意着情况以便迅速改变自己的重心。这样，他就能够一直站着不摔倒了。"

看不见的人时时刻刻都在运用探察能力与平衡感，比起看得见的人，他们对鞋底传来的电车的晃动和震动更为敏感。这也成为他们了解电车行驶路线的重要线索：铁轨的接缝、道岔，下坡时车速上升、进站前车速下降……他们能从电车摇晃的程度，推测出电车行驶到哪一段。

没有视觉信息，鞋底传来的震动便是看不见的人了解电车行驶状况的主要信息来源，帮助他们随时调整自己的身体姿态。当然，声音也是很重要的信息来源，但震动与身体的联系更为直接。就像马戏团里踩球杂技的表演者一样，他们配合着电车的晃动，改变身体的重心，调整姿势。这当中的原理大致和他们走路、上台阶一样，决定性的区别在于，当处于不平稳的状态时，感知对象的运动状态与他们自身的动作直接联动。

当然，看得见的人也能感受到晃动和震动，也会下意识地调整自己的重心和姿势。但他们同时还要处理从眼睛接收到的信息。而对于看不见的人来说，没有这些视觉信息，他们身体的状态与电车晃动之间的联系更加直接，仿佛身体与电车合为一体。

并且，正如难波所说，看不见的人小心设想着随时降临的意外，也就是说，他们时刻做好准备。一边感受着电车的晃动和车厢里的风，一边时刻准备着应对突然失去平衡的状况。这正是脚既作为感觉器官又作为运动器官的生动体现。

这就是看不见的人特有的"准备"。可以说他们十分谨慎，但不论发生什么，他们都游刃有余。不管怎么说，在电车里随时准备着应对意外，总感觉像是座头市的修行。

盲人冲浪——不利用视觉如何乘风破浪

感受着脚底的摇晃和震动，随之调整自己的重心。要说哪种运动能最大限度发挥看不见的人的这种能力，那就是冲浪。光着脚感受和预测海浪的起伏，配合着它的运动保持脚下平衡。看不见的人的冲浪运动，称为"盲人冲浪"。

盲人竟然能冲浪！初次听闻时我非常震惊。这项残疾人运动在日本的普及程度还没有那么高，但在神奈川县鹄沼有一个社团，在那里可以体验盲人冲浪。社团里有一位名叫葭原滋男的强者，曾经去过澳大利亚挑战海浪。葭原是一名积极参与各项运动的顶尖运动员，曾获得四枚残奥会奖牌，其中包括2000年悉尼残奥会自行车比赛的金牌。

不利用视觉怎么冲浪呢？海浪在散开前是没有声音的，所以看不见的人会让看得见的人告诉他们浪来的时机。但在这之后，他们只能依靠海浪从板底传至双脚的感觉。只有直接接触，才能感受到海浪复杂的涌动。

"乘风破浪"和"乘电车"的不同在于，前者感知的是大自然。配合大自然来调整自己的身体，别有一番乐趣。葭原说，抛开视觉后，感受到自己与自然融为一体，这种感觉实在让人欲罢不能。那大概是一种全身的触觉都被调动起来的感觉吧。

统一重心

葭原不仅会冲浪，还擅长跳高、足球等多种体育项目，但从"配合感知对象控制自己的姿势"这一层面而言，与冲浪最为相似的还要数自行车。葭原曾在这个项目上获得一枚金牌和两枚银牌，其中，获得金牌的项目是双人自行车 1 千米竞速。比赛时，视力健全的运动员坐在前面，葭原坐在后面。

前座的选手被称为"领骑员",负责操控自行车的把手。这样一来,难道是看得见的人负责控制方向,而坐在后面的葭原,也就是"骑行者",只需要发挥脚力猛蹬就行了?此言差矣,这项运动并没有这么简单。

葭原说,双人骑行的秘诀在于"统一重心"。一般来说,一辆自行车上坐着两个人,两个人会按照各自的平衡来放置重心。领骑员和骑行者,就会有两个重心。但要想骑得快,必须将两个重心合为一个。

为了统一重心,骑行者葭原必须将自己的重心重合到前座的领骑员身上。比如领骑员要转弯时,葭原得提前一点儿转弯。他会因此暂时失去平衡,以前倾姿态骑行。他以自行车为载体感受着领骑员的动作,并随之调整自己的重心。双人骑行中,其中一方稍微少用点力,另一方都能敏锐地感受到。这种体感,仿佛两个人的身体合二为一。比赛中,自行车的时速能达到70—80千米,据说转弯时会有一种"自行车嵌进墙壁的感觉"。

也就是说,葭原在骑车的同时,也"乘"在了前面的人身上。将自己的重心放在前面的人的重心上,使二者的身体合二为一。虽然葭原没有操控自行车把手，但他仍需要灵活地控制身体，通过移动重心"乘"于自行车和前面的人身上。

"乘"的同时"融入"

至此，我们能发现"乘"这个行为的有趣之处。乘坐电车也好，乘风破浪也好，乘于自行车（和领骑员）之上也好，这些动作都具有互动性。

与排除周边的干扰以求最佳发挥的田径等运动不同，无论对方是电车、波浪，还是搭档，"乘"必须以对方的动作为基准来决定自己的动作。这正是一种触觉上的"感受"和移动重心的"运动"互为表里的行为。这时，动作主体需要灵活地把握不断变化的每一个瞬间，甚至连脚边轻微摇晃这种突发事件，也要被考虑到下一个动作中去。

我们往往将"摇晃"这种突发事件视为负面的，但善于"乘"的人，不会选择扼杀这种偶然性，而会好好利用它。"乘"也是"融入"，就像"融入音乐""融入节奏"，是一种状态良好、心情舒畅、全身心投入的状态。

美国舞蹈家崔莎·布朗[①]是这样定义"融入"的：让动作带来的副产品顺其自然。意思是，不称心的、偶然产生的动作，不要将它当作"噪音"消除，而是要抓住它，作为下一个动作的契机。有趣的是，布朗为了追求"融入"的可能性，在编舞时也尽量排除视觉的影响。

那名眼睛看不见却能独自应对电车摇晃这种突发事件的男性，在"乘"电车时也"融入"其中了吧。难波说，他也很享受电车震动和摇晃的感觉。当然，这并不意味着看不见的人总是情绪高涨。时刻集中注意力地生活，需要付出相当大的精力。

但正因如此，看不见的人才能擅长用互动的方式处理各种状况，巧妙地"驾驭"着身外之物，而不是一意孤行。这些技能，或许已经嵌入看不见的人的运动神经中了。

[①]崔莎·布朗（1936—2017），后现代主义编舞大师。开创了以"放松技巧"为核心的身体训练方法，使现代舞的风格更趋轻松自由。

"自立,即增加可依赖的对象"

儿科医生熊谷晋一郎[①]如此定义残疾人的"自立",非常有趣:自立,即增加可依赖的对象。说到自立,人们往往会认为是减少依赖,直至将依赖降为零。熊谷却不这么认为。不是与周围的人分离,而是妥善运用各种依赖的可能性,才是残疾人的"自立"。

我觉得看不见的人擅长"乘",或许与这种残疾人特有的生存方式有关。

不,就像熊谷说的那样,健全人其实也依赖各种各样的事物生存。我们日常吃的食物背后,还有种粮食的人、运送食物的人,我们日常行走的路背后,还有修整道路的人……我们依赖着无数的人,才得以生活。很多人认为,健全等同于自立,其实那只是表面上的自立罢了。这样想,能够妥善运用身边的帮助,好好生活的残

[①] 熊谷晋一郎(1977—),东京大学先端科学技术研究中心副教授。因新生儿缺氧缺血性脑病的后遗症,依靠轮椅生活。著有《发育障碍当事者研究》等。

疾人，才是"依赖的专家"。

接受怎样的帮助、以怎样的方式接触健全人，都会对残疾人自身的身体观产生很大的影响。本书虽然只介绍了视力障碍，但还有诸如听力障碍和肢体障碍等，根据障碍的类型和程度，照护的方法各不相同。照护方和被照护方的身体，在接触中进行着诸如"诀窍""气"等无法用语言表达的交流。

这些接触与交流无疑会塑造当事人的身体观。虽然我还不知道"残疾人身体论"是什么，如果未来有人进行相关研究，那么关键的线索一定就藏在这些无形的交流中。

不同的障碍对应不同的照护方法，那么应该如何照护视力障碍者呢？最典型的例子是外出散步。虽然也会使用盲杖，但如果和看得见的人一起，看不见的人就会轻轻抓住身边人弯起的胳膊。两人通过胳膊肘和手，对转弯、避开障碍物、步速等进行触觉上的交流。

在各种障碍的照护方法中，这种照护方法可以说是非常独特的。不像肢体障碍，照护人需要承受被照护人的体重；也不像听力障碍，照护人与被照护人之间不需要身体接触。视力障碍者的身体经常会与他人轻轻触碰。或许正是因为看不见的人多以触碰的形式依赖着看得见的人，他们才会如此擅长与他人的动作、物体的运动互动，并善于"驾驭"这些动作与运动。

当然，并不是所有的视障者都能"驾驭"成功，这比健全者想象的要困难得多。不过，每天都在研究依赖技巧，即自立技巧的也大有人在。看得见的身体和看不见的身体之间的本质区别，也许就在从日常生活中研究得来的"驾驭之术"上。

巧妙地摆脱——合气道控制的气流

既然要"驾驭"，就不能只是跟随对方的行动。不然，电车刹车时就会被带着倒下。要想保持互动的状态，最重要的是在灵活应对的同时不丧失主导权。先乘上对方的动作，再突然摆脱——这样的做法是确实可行的。一味迎合并不是互动，还需要"巧妙地摆脱"。

先乘上对方的动作，再突然摆脱——这让人想起了合气道。合气道不同于体育项目，是武道的一种，在看不见的人群中也广受欢迎。

广濑浩二郎毕业于京都大学。从学生时代起，他陆续挑战了居合道、太极拳、跆拳道等各种武道。据说他从小就痴迷武打，还因此考入日本史专业。而合气道，是广濑坚持时间最长的武道，已经练了近20年。

各种武道，都涉及"气"。虽然我大言不惭地说过"气确实存在"，但遗憾的是，我自己并没有实际感受过它。通过请教别人，我得到了各种各样的回答。听说，对于习武之人，"气"也不是那么好掌握的。广濑也一样，即使从居合道到太极拳这般涉猎广泛，他仍然为理解"气"吃了不少苦头。

不过，当他开始练习合气道，他似乎稍微能理解什么是"气"了。怎么一回事呢？合气道与其他武道的不同在于，你有一个对手，并且你和对手两个人以身体互相接触的状态开始。也就是说，这与触觉有关。根据广濑的说法，如果接触的是手，就通过手来"读"对方想要移动的方向。然后以"过来吧"的感觉，引导对手朝他想要的方向去。接着，突然松开引导的力量，对手就会"扑通"一声被放倒。据说，这种通过触觉传达的

"想去哪边",便与"气"相通。

合气道源于宗教团体大本教的活动,大正时代由植芝盛平[①]开创。太平洋战争时期被引入军队训练中,战后经文部省确认开始使用"合气道"这一名称。据说创始人植芝盛平在伸手不见五指的黑暗里让弟子动真格地发起攻势,以此训练躲避技巧。即使到不了那个水平,出于经验也能理解,从身体接触的地方确实能感受到对方的"气"。

和孩子或恋人牵手时,感受到的不仅是对方的手,还有他的整个人。他的心思在哪里,又是怎样的心情,或许都能从相牵的手感觉到。不,"感觉到",像是把孩子或恋人客体化了、有了距离,所以还是不太准确。都说气是流动的,通过气的流动,我们自己和对方成为一体,心意得以相通。就像电池两极接通电线的瞬间有电流流过一样,手与手或者嘴唇与嘴唇相碰的瞬间,也有什么东西开始流动了。

[①] 植芝盛平(1883—1969),日本武道家。他将武道原理比喻为树被一阵风吹动时的状态,每片叶子的摆动各不相同。"合气",就是要顺应自然的规律。

在盲人冲浪中，作为对象的海浪是可见的，合气道所控制的气流则无法用肉眼看见。这种"气"还与我们通过触觉感受到对手的身体状态时该如何行动有关。在合气道中，为了打倒对手，要巧用对手的力量。在身体与身体小小的接触面上，化被动为主动，将主动转为被动。一场"驾驭"对手整个身体的暗战，悄然展开。

身体的本质——同步力

通过接触面，我们与对方的身体、波浪，乃至自行车等事物融为一体。虽然不是完全合体，但起码感觉上合成了一个整体。仔细想来真是不可思议。只是触碰一下，就能感受到自己身体的范围扩大了。

我认为，这种模糊性正是身体的本质。身体没有稳固的轮廓，通过与身体之外的东西接触，身体可以变大，也可以变小。当然，我不是说身体真的在一瞬间变化了物理大小，而是从感觉上说，身体似乎发生了这样的变化。

有一种对人类的定义是"使用工具的动物"。当然，最近发现一部分猴子也能使用工具,所以我们在这里暂且不谈这个定义的严谨性。

比如落笔在纸上,我们能感受到纸的触感。这种触感不来自握着笔的手指,而来自与纸接触的笔尖。笔似乎成了身体的一部分。看不见的人使用盲杖,正是利用了身体的这一特性。

抑或使用义肢的人。如果感受不到义肢是自己身体的一部分,就无法熟用它。有一种说法是,要想熟用义肢,必须拥有合适的幻肢。幻肢,即感觉被切断的肢体仍然存在。如果脑海里没有"自己的腿"的概念,就会觉得义肢是异物。神经学家奥利弗·萨克斯[1]的报告中提到,甚至有人每天早上都会"啪啪"敲打截肢部位,让幻肢"醒来"。

就像这样,我们的身体里有一种力量,能让我们与其他人和物步调一致地工作。这种力量可以称为"同步力",如果没有它,人的身体能做的事情大概非常有限。我们的身体具有与不同的人、不同的事物同步的可

---

[1] 奥利弗·萨克斯(1933—2015),英国著名脑神经学家,同时也是一名作家,将临床案例写成一个个深刻感人的故事。

能性。这与身体是否有障碍无关，这种天生具备的开放性，默默支持着人类的活动。

盲人足球——听踢球声来"观看"比赛

目前为止，我们讨论了冲浪、自行车、合气道，接下来让我们稍微改变一下运动种类，把目光转向足球吧。不使用视觉踢足球，称为"盲人足球"。

盲人足球并非只有视力障碍者才能参加，看得见的人也可以戴着眼罩参与其中。而守门员以及场外引导员，原本就是由看得见的人来担任的。

我来简单说明一下规则。球场面积与五人制足球差不多，场上四名球员，一名守门员（如前所述守门员是看得见的人）。引导员站在进攻球门的后面，通过发出声音或敲打门柱告诉球员球门的位置。

比赛使用放入铃铛的特制足球，滚动时却不会丁零作响，而是发出"沙卡沙卡"的响声。为了不相撞，盲人球员会伸着手臂跑动，而到了防守的时候，为了表示自己所在的位置，必须一边发出"喂！喂！"的声音，一边接近对方球员。

盲人足球比赛中,声音非常重要。足球的响声、防守球员的声音、引导员的声音……因此,在比赛中,无论多么想给场上的运动员加油鼓劲,观众都不能大声喧哗。2014年秋天,我在现场观看了盲人足球世界杯。比赛过程中,观众们始终保持安静。不过,在进球的一瞬间,欢呼声一下子炸开,将此前长时间的沉默一扫而空。

顺便一提,通过踢球的声音,还可以知道踢球的人的姿势。葭原既是盲人足球运动员,也是教练。指导时,他通过听踢球的声音来"观看"学生们的比赛。

一般来说,在盲校开展的都是盲人门球、游泳、田径等非对抗性的安全运动。而在盲人足球中,球员可以在球场中自由跑动,还具有对抗性——从这种意义上说,它作为盲人运动是划时代的。

葭原在2011年成立了一支叫作"乃木坂Nights"的盲人足球队。之所以叫这个名字,是因为他们会在晚上下班后聚到东京地铁千代田线乃木坂站附近的都立青山公园练习。

我也曾观摩他们的练习,周围的环境却让我十分头疼，实在太暗了。在形同虚设的路灯下，他们熟练地进行着传球练习。对看不见的球员们来说，路灯是明是暗都没有关系，看得见的我却连记笔记都困难。这让我想起江户时代全盲的国学家塙保己一[①]的话："哎呀，明眼人真不方便啊。"

"盲人的射门很难防"

盲人足球虽然速度和规模上比普通足球稍逊一筹，但因为球员们都看不见，也有着独特的刺激和动感。比如，盲人球员射门的时机和方向叫人难以捉摸。乃木坂 Nights 的守门员也说："盲人的射门很难防。我觉得当这个守门员很有意义。"

为什么会这么觉得呢？其中一个原因是，盲人脸上的表情很难读懂。看不见的人，尤其先天全盲的人，脸上不会有夸张的表情。所以，他们想朝哪个方向射门，什么时候射门，守门员根本猜不透。

[①] 塙保己一（1746—1821），自幼失明。主持编纂了囊括日本主要书籍的巨型文献集《群书类丛》。

还有一个事关身体利用方式的根本原因，就是控球方法不同。在看不见的情况下，球员为了保证安全控球，会尽可能多地踢球。他们两只脚来回踢球，仿佛把球圈住似的慢慢靠近对方球门。一般的控球，平均每四步用惯用脚踢一下球，盲人踢足球却会很仔细地控球，每两步，甚至每一步踢一下，一直把球圈在脚边。

至于射门，一般会先把球向前踢出去，然后飞身一脚射门。但在盲人足球中，球员会在控球的状态下突然射门。因为球始终在脚边，他们射门的时机根本无从知晓。场上的球员根据引导员的声音，想象球门的位置和方向，然后朝着那个方向一口气踢出去。因为无法预判球员的动作，所以守门员总是感到突然有球飞过来。

"啊，这就是梅西的踢法"

对了，要说有谁擅长这种控球，那就是阿根廷队的梅西。到了梅西这个级别的选手，当然不会在控球时一直盯着球。按葭原的说法，梅西"就像在踢盲人足球"。他半开玩笑地说："我会一边想象着'啊，这就是梅西的踢法'，一边踢球。"

确实，一流的足球选手控球时不会看球。也就是说，随着水平的提高，足球的个人技术会自然地"盲人化"。因此可以说，盲人足球就是高起点的足球运动。

盲人足球比赛用的球会发出声响，但葭原说，控球射门其实不需要听声音。球员只有在停球的时候才需要听声音。除了这一点外，足球是一项不需要视力就能完成的运动。

不使用视力，反而拓宽了球员在场上的视野。正如第一章所分析的那样，看不见的世界里是没有死角的。无论身前身后，看不见的人都能把握对方球员的动静。正因如此，他们脚后跟传球的频率更高。如果梅西能像看不见的人那样察觉身后的动静，说不定他会变得更加无敌。

克服恐惧的方法

然而，在考虑盲人运动时，存在一个根本问题。排除视觉进行运动，真的能做到全力以赴吗？从看得见的人的感觉出发，在视觉被阻断的状态下全速奔跑、用力踢球等等，想想都很可怕。

难波失明后不久参加康复训练，其中一环是体育运动。"好，上场了。"说着，同伴们突然就在操场上跑了起来。他当时感到非常迷茫。听着领跑员手里的铃铛，哪里也不扶，就这样集体跑步。难波觉得万一掉队就糟了，于是拼命地跑，其实心里非常恐慌。

克服恐惧的方法，到头来只有"习惯"。即使看得见，若被要求在钢化玻璃上行走，一开始谁都会害怕。但经历过几次后，心里便清楚接下来的情况会是什么样的。一旦有了预测，恐惧就会消失。这就是"习惯"。

习惯与头脑中的印象有很大的关系。正如第一章所述，不论眼睛能否看见，人都会在自己所理解的周遭环境中，也就是脑海中所描绘的图像中行走、奔跑。走钢化玻璃之所以可怕，是因为我们认为它有可能会碎，或者把它看成了和空气一样没有实体的东西。即使我们心里清楚走在钢化玻璃上不会有什么事，但如果没有实际感受，恐惧就不会消失。

跃过"脑海中的横杆"

在盲人运动中，想象力有时也能发挥巨大的力量。

22岁时，莨原看东西越来越困难，这时他参加的第一项运动是田径跳高。与瞬息万变的冲浪不同，跳高需要事先完整地想象好自己要怎么跳，然后按照想象中的样子去跳。无论是当地的比赛，还是残奥会，跳的都是运动员"脑海中的横杆"，这就是"想象训练"。不仅要想象环境，还要投入到对自己的动作的想象当中。

具体来说，对助跑的想象尤为重要。看得见的人跳高，在决定成败的因素中，助跑占了六成。而对看不见的人来说，助跑因素的占比会到八至九成，而且步数很少，只有两三步。莨原那时还稍微能看见，所以助跑了更长的距离，全盲的话最长大概也就五步。

这几步应该怎么跑呢？答案是让最佳姿势深入肌肉记忆。模拟助跑的动作，直到可以完全一致地做出来，就是看不见的人的跳高练习。目的不在于"跃过横杆"，而在于让身体在过程中熟记动作。这点和跳舞很像。如果能完美地跳出舞蹈，就一定能杆杆过关。

当然，在一决胜负的体育比赛中，临场发挥也是不可忽略的。但针对"跳"这一核心动作，最重要的是将注意力完全集中于事先想象好的画面上。恐惧心理由消极预期产生，即担心会发生无法应对的突发事件。如果坚信不会发生突发事件，就不会产生恐惧心理。

也许看不见的人更擅长沉浸在这种想象里。正如第一章所述，因为没有视觉，所以不会被不必要的信息左右。广濑说，这种高度专注还能在武道上发挥作用。例如，在居合道中，他朝着脑海中想象的敌人挥刀而下。也许看不见的人的身体更擅长配合想象。

⌒

本章主要讨论了看不见的人如何利用身体。脚既是运动器官又是感觉器官，发挥它的这一特性，看不见的身体拥有了出色的探察能力和平衡感。此外，看不见的身体还拥有可高度沉浸于想象的专注力。"看不见"这一局部特征，改变了整个身体的使用方式。

每个人都与残疾有关。每个人都会变老。随着年纪增长，视力会下降，耳朵会聋，膝盖会痛……身体或多或少都会变得不利索。

今后，日本将是世界上第一个进入超老龄化社会的国家。社会上老年人的增加，也意味着残疾人的增加。今后的时代，将会由有着各种各样残疾的人，以各种各样的身体共同创造。换言之，进入老龄化社会，意味着身体多样化时代的到来。医疗技术和工程技术的发展也加速了身体的多样化。

这样一来，人们想要相互理解，就必须了解对方身体的生存状态。就像不同民族的人进行交流时需要了解对方的文化和历史一样，今后，想象对方拥有一个什么样的身体也会变得越来越重要。我认为，人们非常需要这样一个视角，记述多样的身体，发现并理解其中的问题。

第四章

语 言

用他人之眼看

"看不见",改变的不仅仅是人们感觉和运动的方式,人与人之间的交流方式也会随之发生变化。本章将离开感官与身体,重点关注"语言交流"和"看"的关系。

就像使用触觉、听觉和全身来"看"一样,看不见的人也可以通过和他人对话实现"看"。"你看看,我脸上沾了什么吗?"如果没有镜子,大家都会这么问身边的人吧。这就是一个"用他人之眼看"的例子。

从上述例子可知,"用他人之眼看"并不一定是"看不见的人用看得见的人的眼睛看"。看得见的人也会利用他人的眼睛,有时,看得见的人甚至会利用看不见的人的眼睛。在本章中,我将把这些内容纳入讨论范围。我想讨论的不是"看不见的人如何活用看得见的人的语言",而是"看不见的人的存在会给现场的交流带来怎样的变化"。

看不见的人鉴赏艺术

我们以鉴赏艺术的具体场景为例。说到看不见的人如何鉴赏艺术,人们大概会先想到利用触觉,即用手触摸作品的实物或模型来鉴赏。

然而,"触摸"并不是看不见的人唯一的鉴赏途径。既不用眼睛也不用手,那他们到底如何鉴赏作品呢?我一开始也很怀疑,直到我半信半疑地参加了2013年在水户艺术馆举办的工作坊,结果让我大吃一惊。事实上,当时的震撼也是促使我写这本书的具体原因之一。

那个工作坊由水户艺术馆现代美术中心策划,每年开展一至两次,名叫"Session!"。以"与视障人士的鉴赏之旅"为主题,观览馆内作品。工作坊与展览联动,当时举办的是英国当代艺术家达伦·艾蒙德[①]的大型个展。

看不见的人真的能鉴赏这些艺术作品吗?有这种想法也无可厚非,因为艾蒙德的作品都是以照片、影像等平面媒体进行展示的。

怀着不安的心情,我按照规定时间到美术馆大厅集合。参加者大约三十名,其中有七八个人拿着盲杖。三十人算得上大规模了。后来才知道,还有像我一样从东京或横滨过来的人。

美术馆的工作人员说明了主旨和参观方法后,开始给我们分组。每个小组五至六人,必须包括一名看不见的人。我那时很幸运地和白鸟建二先生分在同一个小组。不过,当时我并不知道,这名时髦的全盲者就是这种艺术鉴赏方法的缔造者。

简单自我介绍、确认视力障碍的程度后,各小组分头行动,按顺序鉴赏指定作品。鉴赏一件作品约20分钟。与一般的参观相比,这是相当缓慢的节奏了。

[①] 达伦·艾蒙德(1971—),擅长使用摄影、雕塑以及装置等多种媒介来探索"时间"这一概念,尤其关注时间对个人情绪的影响。

武器只有语言

那么,到底如何鉴赏呢?因为我们无法触摸或观看作品,所以能成为武器的只有语言。没错,就是大家一起站在作品前,讨论并鉴赏作品。

"大约 3 米的屏幕……可见范围内有三个,分别放着影像。"

"第一个放着下雨的画面,第二个屏幕里人们跳进水里。"

"那水……不太干净。"

"嗯……刚才说的太阳其实是月亮。"

"这是什么呢,一下子看不出来。感觉有点粗糙……"

首先,看得见的人把看到的东西转化为语言。因为影像不断地变化,用语言表达相当困难。白鸟侧耳倾听,仿佛在确认每一句话。过了一会儿,他也开始提出问题。

"跳进去的是大人还是小孩?"

看得见的参加者回答:"是孩子……看上去很开心。

好像是印度还是哪个国家。"

现在,"Session！"的方法已经在日本全国普及。在本书中,我想将这种方法称为"社交视野"。一般来说,美术馆不鼓励人们发出声音,所以艺术鉴赏往往是个人的、内在的体验。但在这个工作坊中,人们可以积极地发言,在和小组同伴的交流中共同鉴赏作品。"社交"与"看"并存,所以我称之为"社交视野"。

需要注意的是,这种鉴赏方式绝不是"由看得见的人来解说"。后面我会详细说明,它是一种"大家一起看"的社交体验。围绕某一个主题,在这里是艺术作品,素不相识的人们聚在一起互动,从形式来说与社交平台很相似。

这种社交视野,到底哪里有趣、充满惊喜呢？为了解释清楚这一点,我想先回顾一下社交视野的前史,即这种方法是如何诞生的。

"我们盲人也有看罗丹的权利"

在日本,社交视野的实践始于 20 年前。如前文所述，在此之前，视障人士鉴赏艺术作品基本靠触觉。当然，很多地方现在仍采用这种方式。

利用触觉鉴赏艺术作品，在关东圈内最有名的要数"Gallery TOM"（下文简称 TOM）举办的活动。TOM 远离涩谷的商业地带，坐落于幽静的住宅区松涛，是一座私人美术馆，由儿童剧作家村山亚土[①]与妻子治江于 1984 年开设。

村山亚土的父亲村山知义是一名前卫艺术家，以"MAVO"[②]的活动闻名。"TOM"即取自村山知义的笔名。美术馆的介绍上写，亚土的儿子是一名盲人，他曾说"我们盲人也有看罗丹的权利"，正是这句话促使 TOM 成立。以"让视障人士用手参观的美术馆"为理念，TOM 如今仍频繁地举办各种展览。

触摸，当然是充满可能性的。虽然不是艺术鉴赏，但广濑浩二郎说有一种叫作"触摸氛围"的东西。那

[①] 村山亚土（1925—2002），生于艺术世家，父亲村山知义（1901—1977）身兼剧作家、导演、美术家、小说家等多职，被文艺界称为"日本的达·芬奇"。
[②] 达达主义进入日本后诞生的最具代表性的艺术团体，以村山知义为核心，展开多领域艺术创作。

是广濑在青森县三内丸山遗迹的收藏库中，亲手触摸尚未整理的绳纹陶器时感受到的。他说当时自己非常感动。

几千年前住在这里的人，揉土制作成器，并实际使用过这些器物。而现在，自己正和几千年前的人触摸着同样的东西。在那里广濑通过触觉感受到的，是一种只能用"真迹的质感"来形容的感觉。

在民族学博物馆中，广濑与同事一起设立了"触摸世界"展区，人们可以隔着布触摸来自世界各地的物件。实际体验时，真有一种穿越时空的感觉，仿佛曾经使用那些物件的人们的生活，再现于自己的身体当中，带来了不可思议的冲击。正因为不是艺术作品，而是人们每天都在使用的东西，才会让人有这样神奇的体验。这是只有触觉才能带来的冲击。

"全盲也能鉴赏绘画"

如前所述，触摸充满可能性。但就艺术鉴赏而言，无论如何都会有局限。首先，雕塑等立体作品成了最主要的鉴赏对象，亚土的儿子拿"罗丹"举例就能说明这一点。如今有很多供视障人士触摸的立体绘画，但比起绘画，这些作品更接近"浮雕"，也就是雕塑。另外，影像作品也无法触摸。

有一位视障人士的直觉认为"全盲也能鉴赏绘画"，那就是"Session！"中与我同组的白鸟建二先生。他是一个行动派，讨厌被条条框框束缚，充满开拓精神，如此独特的观点只有他才能想出来。

但回顾前文所介绍的历史，就会发现这种直觉是多么"不着边际"。其实在视障人士中，有很多人认为绘画这种东西，不用勉强去理解。

白鸟的想法并不是凭空产生的。实际上，他自己曾享受过鉴赏绘画的乐趣。有了这种体验，他开始构思与触摸不同的鉴赏方式。

那是20世纪90年代中期。当时还是大学生的白鸟，得知好友要去美术馆。在那之前，白鸟与美术馆没有什么交集，但为了和朋友拉近距离，他决定一起去。

他们参观的是达·芬奇的解剖图展。让他感到幸运的是，他学过按摩，懂得解剖的知识。他靠着听朋友说话来鉴赏展览，非常享受，直觉告诉他：全盲也能鉴赏绘画。

全国推广

有了这种直觉后，白鸟为了寻找合适的方式，开始奔走于各处美术馆。"我是盲人，但还是想看展览，能找位工作人员陪我走走吗？"这样请求，得到的回答一般是"美术馆不提供这种服务"。充满开拓精神的白鸟继续坚持："请想办法帮帮忙吧。"就这样，他的鉴赏体验不断积累。

他渐渐摸索出自己的方法，开始独立策划活动，受众范围也不断扩大。1999年，白鸟与旨在促进残疾人文化艺术活动的团体"ABLE ART JAPAN"共同策划举办了工作坊"两个人看过后才明白的事"[1]。

2000年，当时工作坊的参与者和工作人员集结

---

[1] 1999年2月至3月在东京都美术馆举行，全称"工作坊：和眼睛看不见的人共同鉴赏——两个人看过后才明白的事"。首次尝试让视障者和非视障者通过语言交流来鉴赏艺术。

起来，成立了市民团体"Museum Approach and Releasing"（简称MAR）。截至2005年，MAR已经举办了三十多次社交视野观览活动。与此同时，2002年京都也开展了"Museum Access View"的活动，此后社交视野在全国各地的美术馆普及开来。我参加的水户艺术馆策划的"Session！"，也是汲取了白鸟的想法而创办的活动。

在此之后，从事福利工作的林建太参考了MAR和水户艺术馆的活动，于2012年设立了志愿者组织"艺术鉴赏工作坊：与视障者共同创造"。该组织是目前最活跃的社交视野活动主办方，以首都圈的美术馆为主，已经开展了三十多次工作坊。同时，他们还主导了东京都现代美术馆的语音导览项目等，进行着各种充满魅力、个性十足的活动。

社交视野的有趣之处

在以上历史回顾的基础上，让我们走进社交视野的具体内容。如前所述，社交视野并不是"由看得见的人来解说"。看得见的人需要做的,不是说出正确答案。

"艺术鉴赏工作坊:与视障者共同创造"的主创林建太,在活动开始前会这样向参加者说明:"鉴赏的时候,请把你看到的东西和看不见的东西用语言表达出来。"所谓"看到的东西",顾名思义就是眼前所见的东西,比如画幅的大小、颜色、主题等,概括来说就是"客观的信息"。所谓"看不见的东西",指的是个人的想法、印象、回忆等,也就是"主观的意义"。在这里,也隐含了此前介绍过的信息与意义。

如果追求的是客观信息和正确解释,那看不见的人去读书就可以了。蒙娜丽莎是哪一年画的,画面中间的女性是什么姿势,什么表情,背景是什么……用这种方法当然也能了解画作。但是,那终究只是信息。虽然增长了知识,但真的是在"鉴赏"吗?

在信息化时代,特地把人们聚集在一起鉴赏的有趣之处就在于,共享一种看不见的东西,即共享意义。当然,没有人能在看到作品的瞬间一下子明白其中意义。先观察一会儿,视情况转一圈,将自己在意的某个特征作为理解作品的"入口"。让模糊的印象一点点清晰起来，将部分与部分连接，渐渐找到个人独有的意义和见解。鉴赏是一种缓慢的前进，有时会走错，有时会绕路，有时会遇到好几条岔路，没办法一条路走到底。这种理解过程中的"绕"，其实非常重要。

白鸟给我讲述了一次有趣的经历，那是他刚去美术馆不久的事。参观印象派的展览时，他和美术馆的工作人员边聊天边欣赏。站在某幅作品前，工作人员从"这里有一个湖"开始说明。

原来是湖啊，白鸟根据文字想象那是什么样的画。这时，工作人员突然意识到错误，急忙纠正："啊，仔细一看，上面有黄色的斑点，应该是原野。"作为美术馆的工作人员，应该每天都能看到那幅画。尽管如此，他还是完全误解了那幅画里描绘的场景。一则看似笑话的小插曲，实际上，社交视野的有趣之处正藏在这种"看错"之中。

印象派,即"出于视觉、利用视觉、为了视觉的绘画"

没有人会把现实中的原野误认为湖泊,因为它们是完全不同的事物。那么,为什么会将绘画中的原野看成湖泊呢?原因只有一个:那是用印象派的手法画成的画。

众所周知,印象派以描绘光为特征。记得我第一次去欧洲时,阳光莫名地耀眼,我心想,这就是印象派的光啊。在日本,说起阳光都是"暖洋洋"的,我那时感受到的欧洲的阳光却是"明晃晃"的。明晃晃的光照在风景和人身上,闯进我们的视野,刺得眼睛生疼。印象派便试图将这种特点描绘出来。

印象派的画家在表现色彩时,不会提前调好颜色再画。而是在画布上排列各种颜色的细小斑点,让人远远看去时在眼睛里把颜色混合起来。印象派,正是这种"出于视觉、利用视觉、为了视觉的绘画"。

为了视觉的绘画,意味着印象派的画是最难向看不见的人传达的一种作品。"眼睛生疼"这种感觉应该如何用语言表达出来呢?当然,看不见的人并没有与这一字面相连的实际体验,但如果不设法传达这一点,他们就无法理解印象派的绘画。

于是,"意义"在这里被唤醒了。美术馆工作人员错把原野看成湖泊,无意中揭示了印象派的本质。原野是什么颜色的呢?在夏日的白昼可能是绿色,但在晚霞的照耀下会变成橙色,夜幕降临时又会变成紫黑色,到了冬天则变成茶褐色。没有一种固定的颜色可以代表原野。

湖泊也是一样,蓝、绿、红、黄……随着季节和时间的变化时刻在变化。印象派灵活地捕捉事物的姿态,关注某一瞬间眼睛所看到的景象。因此,在印象派的绘画中,原野和湖泊的区别变得模糊。

也就是说,印象派绘画实际上就是"湖泊和原野变得相似的画"。现实中不存在"像湖一样的原野",但如果了解印象派的话,看错反而是正确的。画中的不是单纯的"原野",而是"像湖一样的原野"。这种理解直击印象派的本质,甚至可以说就是印象派的定义。

教科书上绝不会这么写,而只会有"这幅画里描绘了一片原野"这种作为客观描述的"信息"。与此相对,

"像湖一样的原野",则是根植于观看者自身经验的"意义"。物理意义上的同一幅画,对那名工作人员来说却拥有从湖泊变成原野的意义。正是这种会被客观信息弃置的"绕路",揭示了印象派的本质。

新的艺术鉴赏

作为客观信息的"原野"是无时间性的,"以为是湖,却发现是原野"则包含了过程。社交视野的新颖之处在于,人们可以共同分享达成目标前的过程。

上述印象派的例子,只是两个人之间的过程共享,如果有五六个人参与,大家在迷茫的同时,还会有意见上的冲突。既不是这样,也不是那样,每个人都提出自己的见解,在共同鉴赏中探索对某个作品的解释。即使是沉默,其中也有意义。

实际上,把原野错认为湖泊这种事很常见。比如,鉴赏横尾忠则的绘画时,理所当然是女性的新娘,在观察了各种细节后,怎么看都像是男性。又如,以为是法官宣判时敲木槌的声音,却发现是网球场上网球反弹的声音。同样是蓝色,有的人看了觉得冷,有的人看了觉得平静,也有人会兴致勃勃地说这个作品买下来要多少钱、应该挂在哪里。

也就是说,社交视野不仅对看不见的人来说是全新的体验,对看得见的人来说也是新的艺术鉴赏方式。这样做到底可以得到什么样的意义、什么样的解释呢?艺术鉴赏,从来不存在正确的解释。不是一心奔着目的地,而是享受去往目的地的过程。这个过程充满了无法预料的现场感,一旦体验过它的乐趣,便不再满足于独自鉴赏了。无论对看得见的人还是看不见的人来说都是如此,正如白鸟所说:"现场感才是最棒的!"

艺术鉴赏的目的不是获取信息

综上所述,社交视野的目的不在于了解某个作品获取知识,而在于共享理解某个作品的过程和经验。

共享"经验",而不是获取"客观知识",正是社交视野的厉害之处。这种观念转变堪称"哥白尼式"的。白鸟一开始就敏锐地捕捉到了这一点。

白鸟计划去美术馆的时候，他问看得见的校友："是什么让你觉得去美术馆真好？"

也就是说，比起鉴赏这一行为，白鸟首先关注的是最终获得的效果，也就是所谓的"受益"。但看不见意味着他无法利用常规手段来受益。白鸟并没有因此感到悲观，而是进一步思考看不见的人采取怎样的手段才能在艺术鉴赏中有所收获。从某种意义上来说，这是极其合理的想法。

白鸟得到的回答是："观看作品有了新的发现，意识到了什么，或者感动了的时候，就会觉得去美术馆真好。"因此，白鸟觉得，想要最终达到这种效果，即使看不见也没关系。换言之，白鸟明白了艺术鉴赏的目的并不是获取关于作品的信息。"如果那个朋友说的是'果然最棒的还是能看到真迹'，我大概就会觉得没办法了。"

白鸟认为当时那个朋友的回答特别好。但他之所以会由此受到启发，也是因为这和他一直以来对作为盲人如何活下去、如何处世的思考有重合之处吧。

"为了结果不择手段"这句话听起来有点吓人，但如果最终能到达同一个目的地，即使手段不同又如何？这种合理而灵活的想法，支撑着白鸟的开拓精神。

结果先行的思考方式

白鸟告诉了我一件他还在上小学低年级时的故事。有一次，一家人在电视上看电影。电影似乎很搞笑，大家都在哈哈大笑。白鸟问，你们笑什么，妈妈回答说，电影里在上演追车战，前一辆车经过装满香蕉的卡车时，切断了货厢上的绳子，香蕉全掉在地上，后面的车就打滑了。

但听了这样的说明，谁也笑不出来。笑出来和解释为什么搞笑是两码事，甚至可以说是完全相反的。没有什么比解释笑话更伤害搞笑艺人的了。

在经历了几次同样的事情之后，白鸟在小学低年级就领悟到，有些事让别人解释了也没意义。于是他改变想法——不知道笑话的细节也无妨，根据现场的气氛和节奏，配合周围的人一起笑即可。这种对现场感的重视，与社交视野下的艺术鉴赏有着相通之处。也就是说，白鸟更看重"一起笑"这个结果，而不再拘泥于"完全把握内容"的手段。

当然，这未必是一个积极的选择。无法使用相同的手段，使用不了还得跟着笑，不然就无法在以看得见的人为中心的社会中生存下去。（即使是看得见的人，比起发自内心地笑，在现实中跟着周围的人笑而笑的情况恐怕也更多。）

但结果先行的思考方式，与创新实现目标的手段紧密相连。事实上，社交视野，就是白鸟为达到朋友告诉他的鉴赏目的而创造出来的另类手段。找出看不见的人也能利用的、非同寻常的新方式，创造了鉴赏的新可能性。

我们不习惯"边推理边看"

就这样，用语言来鉴赏艺术的方法被创造出来了。看不见的人一边想象面前是怎样的作品，一边听看得见的人描述。通过语言得到的是碎片的、随后可能被修正的内容，所以看不见的人会有所保留地在脑海中逐渐建构作品。

这有点像侦探，通过掌握到的有限信息推理出事件的全貌。一点点拼凑碎片，逐渐掌握整体情况，也能发现缺失和无法吻合的地方，并就此开始提问。看不见的人刚掌握全貌时所提出的问题，准确得惊人。

这个过程看似简单，看得见的人却很难做到。我曾让学生们作为被试者，在不看作品的状态下，听社交视野参与者们在工作坊中的交谈。

学生们一头雾水。即使听懂了每句话的意思，也无法将字句联系起来。即使将字句联系起来了，也无法想象整体的模样。看得见的人习惯了视觉带来的整体印象，少了这一环便束手无策。也就是说，我们不习惯"边推理边看"。

与此相对，看不见的人日常便在进行着这样的推理。换言之，他们不仅在鉴赏艺术时这样做，串联起碎片、演绎整体，已经成了他们的习惯。组合碎片，说来简单，但在实际操作中需要对各部分添加更清晰的说明，随着时间推移，还需要不断补充。为此，他们必须配合新获取的信息，灵活变换头脑中的整体印象。

也就是说，比起看得见的人，看不见的人头脑中的印象更加灵活。我也有过这样的感觉：看得见的人容易拘泥于眼见事物的形象，而看不见的人对事物的印象则自在变换，他们能根据得到的信息，随时更新事物在头脑中的模样。下面，我将举一个例子进一步佐证这一想法。

"知道是陶瓷杯的那一瞬间，就会变成陶瓷杯"

我和难波一起喝红茶，我们用的都是没把手的陶瓷杯。那个杯子比茶杯大，像一个去掉把手的马克杯。虽然有点奇怪，但这样设计是为了方便把杯子摞起来收纳。

难波一开始以为那是玻璃杯。玻璃和陶瓷的质感确实很相似，凭那杯子的形状推测是玻璃的反而更合理。喝了一会儿茶后，因为一个偶然的话题，我们聊起了这个杯子。从我的话中，难波意识到自己理解错了。

那之后，用他的话说就是"知道是陶瓷杯的那一瞬间，就会变成陶瓷杯"。在难波的头脑中，眼前的东西瞬间发生了变化，就像魔法一样。

加之难波是后天失明，头脑中的印象相当视觉化。以上述例子来说，他知道透明和不透明的区别。他告诉我，杯子"变成陶瓷的瞬间，里面的东西都看不见了"。人们会根据头脑中的印象在现实中采取行动，按难波的说法，这相当于眼前的事物在一瞬间发生了变化。

看不见的人习惯于整合碎片，他们会根据每次得到的信息来调整头脑中的印象，使之越来越清晰。其中也有人抱着"如果错了，下次改过来就好"的心态看待世界。这种灵活性，与看得见的人容易执着于既有印象形成了鲜明的对比。

社交视野特有的包含着矛盾和错误的往来经过，与看不见的人日常利用推理演绎处理信息的过程相似，或者说至少重合度很高。看不见的人平时就在整合零散的信息，在脑海中逐渐构建对对象的认知；社交视野同样通过不断修改、推翻，渐渐在脑海中构建对艺术作品的认知。没错，鉴赏，就是自己重构作品。

"鉴赏即重构"的意义

"鉴赏即重构",这种观点或许不太常见,我想在这里稍加说明。

鉴赏,就是品味和解释作品,但有一个根深蒂固的误解在妨碍鉴赏,那就是"解释都有正确答案"。很多人认为"作者知道正确答案",或者"评论家会告诉我正确答案"。当然,这并不是说我们可以随意解释作品。话虽如此,如果因此认为不能以自己的想法去看待作品,那就没有意义了。

在大学里教现代艺术,我也会先让学生"解除武装"。尤其是既注重感性又注重知性的现代艺术,解释时能动性必不可少。对受应试教育影响、认为作品有正确答案的学生,有必要把他们从这种思维里解放出来。

那么要怎么做呢?首先,我会直接展示一幅作品,不做任何说明。比如一幅红底上排列着三个四边形的画,四边形像是渗进底色中,从上到下分别呈茶色、藏青色和橙色。然后我便会保持沉默。这种教学方式称为

"主动学习",如果不把学生们放置在那里,他们就不会用自己的话进行表达。

过了一会儿,学生开始举手。"从上方往下看,这是海苔上面盛着烤鲑鱼的便当。"

这是美国画家马克·罗斯科[①]的作品。因此,画着烤鲑鱼的概率几乎为零,但也不能因此而否定他。(不可思议的是,不知为何每年都会有人说这是"鲑鱼便当"。)

我一边表示赞同,一边等待其他学生的意见。"这是铺好的被子",又出现了一个日本味十足的解释。甚至还有"躲在邮筒里往外看""火灾中燃烧的铁门"等非日常的设定,以及"因为渗透的效果,乍看之下不是画而是影像"之类跳脱的解释。

简而言之,就是让学生们把自己从画里感受到的意义用语言表达出来。物理上相同的一幅画,在不同的人眼里会变得完全不同——先让学生们因此感到震惊。这就是"鉴赏即重构"的意义。在社交视野工作坊结束后,一位参与者曾这样说道:"大家都在各自的头脑中

[①] 马克·罗斯科(1903—1970),抽象派画家。最具代表性的是描绘大面积矩形色块的作品。

创作。"看到一幅作品，当你开始从中寻找意义，到头来就会以自己的方式重构它。

用他人之眼看

我这么做不是为了确认一件作品具备多样化的解释，而是听了别人的解释再去看画，发现画真的变成了别人所说的那样。想着鲑鱼便当，那么那幅画看起来就会像鲑鱼便当；想象自己在邮筒里，那么画也会变成那位学生所说的那样。物理意义上相同的东西，在不同的看法下，会变成完全不同的东西。

"鲑鱼便当"和"邮筒里"，体现出观看者所处的状态和空间的开放性完全不同。若是鲑鱼便当，可以认为是藏青和橙色的长方形放在饭上；若是在邮筒里，中间藏青色的方形则是一个洞，即邮筒的窗口，也就是说处于完全封闭的状态。视线的方向也不同。鲑鱼便当是垂直地从上往下看，在邮筒里是透过画布从里往外看。被认为是鲑鱼便当的马克·罗斯科和被认为在邮筒里的马克·罗斯科，所体现的个人体验完全不同。

不管是哪一种，都能让人身临其境。通过语言，我们可以把别人的看法变成自己的东西。"啊，我明白了！"理解的那一瞬间，便能以他人的视角来看作品——这就是"用他人之眼看"的体验。

"啊，我明白了"的瞬间，感觉眼前的画真的从"鲑鱼便当"变成了"邮筒里"，简直就像魔法。不只如此，还有被子、燃烧的铁门……配合着语言，画作不断变化着形态。艺术作品本质上就是这样，是拥有万千面孔、充满可能性的团块。

社交视野可以说是将这种"用他人之眼看"的体验，即鉴赏的魅力，发挥到最大限度的方法。因此，最重要的还是围绕作品说话。一边看作品，一边用耳朵倾听，就能切身感受到画的变化。理论上也可以把各自的解释写成文字，边读边鉴赏。但实际上，借身边人之力，直接感受面前作品不断变化，并因此而惊叹，那种现场感是无可比拟的。

请回想一下。就像"鲑鱼便当"魔术般地变成"邮筒里"一样，在难波的脑海中，玻璃杯也瞬间变成了陶瓷杯。

鉴赏作品的时候，我们会在头脑中重新创作，而

"头脑中的作品"变化万千。这种变化，正是看不见的人日常就在体验的印象的灵活性。在看不见的人的脑海中，作品因语言的力量而改变着形态，同样的变化，也发生在看得见的人的脑海中。在这里，看得见的人也能体验到用他人之眼看事物的乐趣，亲身感受他人的看法带来的充实。

当然，看得见的人所见的是眼前物理存在的事物，看不见的人所见的是脑海中纯粹的印象，二者有所不同，因此他们也不可能拥有完全相同的体验。先天全盲的人，脑中的印象是非视觉性的，所以他们的体验和看得见的人的差异也会更大。即便如此，看得见的人也确实能够体会"印象变化"这一看不见的人所擅长的领域。看得见的人看世界的方法，渐渐接近看不见的人——在运用社交视野鉴赏作品时，这种颠覆常识的事情很有可能发生。

作为催化剂的残疾

像这样，与常见的独自鉴赏不同，社交视野解放了用他人之眼看事物的乐趣。其中,"语言"成为至关重要的要素。将"鲑鱼便当"变成"邮筒里""被子"的魔法,正是那些体现个人经验的语言。

在社交视野中,看得见的人之所以会把自己的看法化为语言,正是因为有看不见的人在场。如前文所述,这对于不习惯的人来说相当困难,有时还会让人感到压力。

说"这个蓝色冲击感很强啊",看得见的人能理解,但看不见的人就不行了。不妨努力一下,试着把自己的理解用语言表达出来:"比起天空,更接近大海的蓝……阴沉沉天气里的大海……不是海的表面,感觉更像潜入海中的蓝。"因为看不见的人在场,可不能用"大概就是这种感觉"简单了事。

很多人最初对此感到困惑,毕竟,按照常理在美术馆应该"默默观看"。也有人认为,无法用语言表达的感性之物才是艺术。但是,当超越了这种抵触情绪,尝试用语言表达时,我们不仅能明确自己的看法,同时也能体会通过他人的看法来鉴赏艺术的乐趣。社交视野提供了一种不同于安静观看的可能性,让我们拥有更具创造性的鉴赏体验。

换言之，在社交视野中，"看不见"成了改变现场交流、加深人与人之间关系的"催化剂"。如果以"看得见"为基准，"看不见"只会成为交流中消极的"墙"。但是，如果大家都接受"看不见"这一特征，它就能成为将人们联系起来、促进创造性活动的积极要素。

我自己也感觉和看不见的人在一起时，我的性格会发生一些变化。一言以蔽之，就是会变得爱说话，因为什么都要用语言表达。不可思议的是，说着说着就放松下来了。在下一章中会提到的看不见的人的幽默，在这当中起了很大的作用。与日常的人际关系相比，我反而觉得和看不见的人交流时，人与人之间的"墙"变矮了。这正是催化剂的效果。

正因如此，在林建太团队举办的"艺术鉴赏工作坊：与视障者共同创造"中，看不见的人被称为"导览者"。不是看得见的人引导看不见的人，而是看不见的人引导看得见的人。当然，在物理意义上是看得见的人将胳膊肘借给看不见的人，大声朗读作品的介绍也是必要的。但营造出这个场面、让看得见的人开始表达的，正是看不见的人。因此，他们才是真正的"导览者"。

看得见的人也是盲目的

"问题不在于孰优孰劣，重要的是，残疾可以成为催化剂，改变人与人之间的关系。"林建太说，"如果推翻能看见即优越这个先入为主的观念，反过来认为看不见更为优越的话，又会形成新的自利的价值观。双方相互影响，让彼此的关系发生变化，才是我希望创造出的局面。"

不是"特殊对待"，也不是"平等的关系"，而是"不断变化的关系"。社交视野不是单纯的意见交换，而是有来有往的共同创造。在这样的过程中，发现并守护彼此之间的差异。

变化，也同样发生在看不见的人身上。白鸟说，通过鉴赏艺术，他改变了对"看"的认知。他说："我从小就有这种印象，看得见是好事，看不见是坏事；看得见是正确的，看不见是错误的。看得见的人说的话拥有绝对力量。他们强大，我们弱小，等等。不过他们也会看错湖泊和原野，这让我开始思考，事情似乎不是我一直认为的那样。（笑）"

换言之，白鸟明白了"看"并不是绝对的。而只有当看不见的人这样想，他们和看得见的人的关系才会开始变化。

"既然看得见的人也会有不知道的事，那看不见的人也不用那么自卑。我开始认为，不是所有的事都得听他们的，我们也有权利选择是否相信。"

白鸟明白了看得见的人在某种意义上也是盲目的。残疾，让人重新审视"何为看见"，并撼动了人与人之间的关系。与福利关系不同，在"有趣"的基础上与残疾人相处的启示就藏在这里。

⋈

本章中，以我称为"社交视野"的艺术鉴赏为例，介绍了以语言为桥梁"用他人之眼看"的方法。

看得见的人和看不见的人共同在脑海中重构作品的

过程，也是重新审视"何为看见"的过程。看得见的人实际上可能是盲目的，看不见的人实际上可能看得更灵活，通过这些感受，彼此的关系就会发生变化。

除社交视野外，最近还有一些动向也将残疾视作催化剂。例如被称为"包容性设计"的设计手法，就积极地把残疾人纳入产品设计的过程中。如果健全人是"一般用户"，那么残疾人就是"极端用户"，因为极端，所以可能提供全新的视角。包容性设计便是将这种可能性与设计联系起来。

"健全人帮助残疾人"这样的福利视角固然重要，与此同时，我们也有必要进一步开拓"残疾的利用之道"。

第五章

幽默

活下去的武器

"信息"与"意义"的对比，构成了本书的基础。

相对于客观抽象的"信息"，"意义"包含着个人视点，存在于具体的语境中。意义有两种，一种是因看不见而自然产生的意义，另一种是看不见的人有意创造的意义。在本书的最后一章，也就是本章，我想探讨看不见的人有意创造的意义中最终极的形态——幽默。

幽默，指让人感到有趣、令人发笑的言语和行为等。本章将介绍几个残疾本身给人以乐趣、令人发笑的例子。

残疾，在大多数人的印象里是"严肃的"。与疾病、死亡一样，残疾经常被认为不能拿来开玩笑。我的小学同学中有一个残疾的孩子，我至今仍清晰记得班主任那张气得通红的脸，对我们说："不能取笑某某小朋友。"

然而，实际和看不见的人接触后，我经常遇到能把大家逗笑、活跃气氛的开朗人。当然，这份开朗背后大概有着无法估量的辛劳，我们绝不能忘记这一点。但我也曾数次从看不见的人的幽默中体会到一种痛快，得以将一直以来的成见统统抛到脑后。

"残疾也可以这样看待。""对我来说，残疾是这样的。"这些话语当中，是否正隐藏着残疾人向健全人发出的根本性提议呢？在这里，我想请大家一起倾听这些提议。

我在本书的开头写道，我想与看不见的人像朋友和邻居一样交往。社会应该如何对待残疾人，如何与残疾人共处呢？作为本书的总结，我想在此思考残疾与幽默，以及残疾与社会的关系。

如何看待"不方便"

对于看不见的人来说,社会绝不可能主动来适应自己的身体。车站前到处是乱停放的自行车,触摸屏越来越多,刷卡购物时还会被要求签字。

针对这些"不方便",可以采取几种方法。最直接的就是向行政部门提出建议,或发起游行争取权利,即所谓的"市民运动"。这样的活动很重要,也有很多利用实际行动改变舆论、动摇行政部门的先例。

但在我接触过的视障人士中,有人采取了不同的策略。不是从物理层面改变不便的环境,而是通过改变环境的意义从而生存下去。

他们所使用的武器就是"幽默"。以幽默的方式另类解读不便的状况,从而摆脱被迫适应社会的压力。这或许像是单纯的个人逞强，但我认为绝不是这样的。我将在最后阐述我的理由。首先来看一个具体的例子。

今天吃的是肉酱意面，还是奶油意面?

难波经常在家里吃意大利面，囤了很多速食酱汁。酱汁有肉酱汁、奶油酱汁等各种口味，但所有的包装都是一个形状。也就是说，独居的难波要想知道包装里是什么酱汁，基本上只能拆开。有时候想吃肉酱汁，却拆开了奶油酱汁。

在旁人看来，这简直糟透了，难波却不这么认为。正好拆开了想吃的味道，那就是猜对了，反之就是猜错了。换个角度，难波把它当作"抽签""试手气"一样来享受。"当然也会有遗憾，但在心里预测'今天会吃到什么呢？'更有意思一些。比较随心所欲。""只要没有'必须按自己的想法来''我必须掌控'这些想法，那么完全可以好好享受其中。"

也就是说，难波更多地将看不见造成的不便，积极地解释为生活中的偶然性。因此产生的"意义"，也反转了"信息"欠缺的局面。

回转寿司就像俄罗斯轮盘

除了难波,我还从其他视障人士那里听到过类似的"反转"。例如"回转寿司就像俄罗斯轮盘"。寿司几乎没有香味,看不见的人无法判断从眼前经过的寿司是什么食材做的。当然,他们可以直接告诉店员自己想吃什么。

但也可以选择把这种状况当作游戏来享受。先拿起盘子,尝一尝,然后猜出是什么食材。同样,自动售货机也可以看作抽签装置,按下按钮,看看会掉出什么来,轻松测测"今日运势"。

或者,这也是难波说的,他把行走在城市拥挤的道路上形容为"进鬼屋"。复健期结束后,难波在看得见时住的房子里,重新开始一个人生活。然而,明明是同样的街道,去车站的路却变得和以前完全不同了。当时,因为还只是"看不见的世界的初学者",所以每碰到一辆停在路边的自行车,或是踢到意料之外的突起,他都会吓一大跳。"富士急乐园里有个叫战栗迷宫的鬼屋,进去了几个小时都出不来。我每天都是那种感觉。(笑)"

对我们来说,表达的工具有限。所以……

最初接触这种幽默时,我受到了巨大的冲击,因为这和我对残疾人的印象相去甚远。当然,并不是所有残疾人都是幽默的,幽默的残疾人也不是什么时候都幽默。也许更多时候,他们愿意待在家里。虽然清楚这一点,但坦白说,这种幽默确实颠覆了我对残疾人的印象。

首先,因为残疾人所说的话而发笑,这样的经历对我来说十分新鲜。那时,我对看不见的人的了解还不多,总是下意识地觉得自己是主持人一样的角色。没想到却是看不见的人活跃了气氛,而我顺着他们的话继续展开话题。对我来说,这种互动关系也很新鲜。

随着对看不见的人的了解越来越深,我意外地发现,视障人士中善于表达、喜欢说话的人非常多。有一个人曾这么说过:"对我们来说,表达的工具有限,所以要努力用语言抓住对方的心。"确实,在斟酌表达的过程中，很多人自然而然地变得健谈。

比如木下路德，他在小学时视力变得模糊，为了融入朋友的圈子、得到关注，他想通过口才来逗人发笑。为此，他采取的行动是听广播。广播节目优劣的关键，便取决于在不可视的情况下，能否靠语言吸引听众。

"广播购物节目经常会说，这个戒指多么多么好，螃蟹多么多么美味等。当时我隐隐觉得，如果我能用广播的风格来说话，生活应该可以过得很快乐吧。"

如果成功逗笑别人，至少在那一瞬间，他确实掌控了现场。这种快感不仅对看不见的人，对任何人来说都能带来自信。更有甚者，在这样的幽默背后也许还包含着一份体贴，即谈及残疾时，他们会设法让现场气氛变得不那么沉重。

避开既定的道路

意面酱汁的故事给我带来的冲击，不能仅仅解释为看不见的人善于表达。因为这并不是难波为了逗人发笑而编造的故事，也不是为了制造话题。难波把日常生活中遇到的不如意,以及那些无可奈何的现实,当成"测运势",乐在其中。他只是分享了这些事,而我们得以从中窥探到他日常生活的一角。

有一部叫作《企业战士》的电影,由吕克·贝松①编剧,讲述了由七名少年组成的跑酷团体"YAMAKASI"的故事。这个团体真实存在,人们仅靠自身的体能攀爬高楼,在一个又一个屋顶间飞跃。这当然伴随着危险,但在他们脚下,人造的城市街道仿若丛林。

用意面酱汁和自动售货机来测运势的生存方法,让我想起了那个跑酷团体。物理环境是相同的,应对方法却完全不同,多么痛快啊!用魏克斯库尔的话来说,这就是触碰到看不见的人独特的"环境界"的那一瞬间。

没错,他们的幽默是"痛快"的。在困难的状况下,也要乐观地活着,对此我感到佩服和尊敬。但仅仅感受到这些是笑不出来的。"被耍了!""居然还有这一手!"——这种愉悦才是我笑的原因。

统一的速食包装和自动售货机系统,很明显是为看

---

① 吕克·贝松(1959—),法国导演、制片人、编剧、演员。

得见的人设计的。坦白说，就是没把看不见的人考虑在内。如果站在福利或信息的角度，应该尽可能地消除这种现象。比如要求厂家在包装上做出可以区分的刻痕，或提议给自动售货机添加语音提示。实际上，市面上已经有不少这样的产品。

但难波采取了完全不同的方法。健全人"一本正经"地往意面上浇酱汁，难波却把这当作游戏。

试问有哪位健全人想过用袋装速食测运势？就像把城市当作丛林的 YAMAKASI 一样，残疾人也尝试换一个角度去观察那些不适合自己的设计和服务。这样一来，不适合的设计和服务反而成了他们游玩的道具。

我在第一章中提到，看不见的人可以摆脱"道路"的束缚。看得见的人会自然而然地遵循产品或服务的使用方法，看不见的人则甩开这些听话的用户，避开既定的道路。"我还有别的路径哦！"——甚至让我有一种被他们抢先了的感觉。

"我还有别的路径哦！"之所以被他们抢先了还感到痛快，是因为健全人的社会和价值观本身会因残疾人的使用方式而被相对化。上述意面酱汁和自动售货机的例子,放在搞笑领域近乎"自虐"。自虐的攻击对象一般是说话人自己,在这种情况下,听的人为什么也会有被刺痛的感觉呢?所以才说,这种幽默是"痛"快的。

为什么我们也会感到刺痛呢?无须多言,因为搞笑段子和"残疾"有关,而作为听众的我们,是健全人。

但那并不是单纯的疼痛。"痛"快,同样也可以是痛"快",让人感到心情舒畅,胸中"郁结"消失了。太痛的话就笑不出来了,但只要畅快还在,就是有建设性的。那么,在这里消失的"郁结"是什么呢?

弗洛伊德的幽默论

为了了解"郁结"的本质,让我们回到根本。说到底,幽默是什么呢?

在此,请参考著名的幽默论,来自被称为"精神分析之父"的精神科医生弗洛伊德[①]。

弗洛伊德举了一个死刑犯的例子。被宣判死刑的犯

---

① 西格蒙德·弗洛伊德(1856—1939),奥地利精神科医生、心理学家、精神分析学派创始人。

人，过着等待执行死刑的日子。终于，那一天到来了。在某个星期一的早上，他被告知今天是行刑日。他终于迎来了人生的最后一天。但是，犯人说出了让人意想不到的一句话："哎呀，这周真是开了个好头。"

没有愤怒，也没有叹息，实在是一句让人沮丧的遗言。"开了个好头"这种说法已经令人心中沉痛，冲击力更强的是"这周"这个词。对于在今天就要结束生命的他来说，这周只剩星期一这一天。尽管如此，"这周"还是给人一种时间悠长的感觉。

犯人在说这句话时仿佛超越了自我，以俯瞰的视点观察自己的处境。弗洛伊德认为，幽默的秘密在于视点的移动。现实想给人痛苦，人却不把这种状况放在眼里，站在超我的角度打趣道："人世间不过如此。"弗洛伊德认为，幽默是人在遭受痛苦时自我保护的一种方式。

这个观点带有明显的受虐倾向。说到受虐倾向，总让人觉得带有性的色彩，但受虐倾向的本质，在于其价值转换的力量，即将被施加的负面处境转化为正面的。从稍远的视点审视自己的处境，赋予其相反的意义。幽默和受虐倾向关系密切。

有趣的是，通过这种受虐的视点，旁观者也能感受到幽默带来的痛快。听到行刑，我们会想象当事人的心情。"他会发怒吗？会叹息吗？还是会绝望地死去呢？"通过想象人临死前感受到的情绪，旁观者也投入了感情，仿佛即将死去的是自己，心里做好了同情和悲伤的准备。

然而死刑犯幽默的一句话，轻易地背叛了这种预期。那些原本打算感受的情绪，因为无处发泄而落空。弗洛伊德将这种令人沮丧的状态称为"情感消耗的节约"。

"节约"这个词听起来很奇怪，像是指本该用的东西没有用上。同情和怜悯变得无效，我们和犯人一起，站在了超我的视点。"人世间不过如此。"我们惊讶于犯人逃避残酷现实的幽默态度，同时也感到了快乐。

代表性故事

意面酱汁和自动售货机的幽默中，同样也发生了"情感节约"。看不见的人的确被强行置于不便的环境里，不能选择酱汁的味道、不知道果汁的种类等。社会被这样的设计支配着，或许有健全人对此感到内疚，在心中认为看不见的人生活艰难、日子不好过。

但这些情感，被看不见的人的一句话轻松瓦解。"很辛苦吧""日子不好过吧"之类的同情和关怀无处可去，悬在半空中，被"节约"了。

我在序章中提到，健全人的善意反而会给残疾人造成不必要的负担。这些跑在前头的过度关怀和担心，正是因为不了解。健全人和残疾人之间的关系，也因"必须为他们做点什么"的紧张感而变得僵硬。我们不能容忍对残疾人的恶意歧视，但实际上，过度的善意也令人困扰。

我夸张地使用了"看不见的人的幽默"这种说法，但仔细想想，这对他们来说不过是极其自然的对话。残疾人之间对话，经常会以对方的残疾为段子互相嘲笑。但一旦有健全人加入，残疾就成了不能触碰的禁忌。如此下去，残疾人会变得越来越不可接近。同样，从残疾人的角度来看，也会想要吐槽健全人的一些习惯或癖好吧。但如果二者被束缚在帮助与被帮助的关系中，这些话就很难说出口了。

有一件事极具代表性，那就是关于"残疾人"这个词的表述。日语中，"残疾人"用汉字写作"障害者"。因为"害"字给人的感觉不太好，所以最近"障碍者"等表述越来越受欢迎。有时也会把"障害者"的"害"写成假名，相当于中文的拼音。

看不见的人阅读文本时，一般会使用语音朗读软件。结果发现，把"害"写成假名，有些语音朗读软件便无法识别，读出来变成了错误的单词。

当然，即使被误读了，或者说当被误读的时候，看不见的人才会注意到执笔者的用心。所以，这种失败，对于需要关怀的残疾人来说，或许是一种成功。

但是，如果这仅仅是为了迎合无歧视、中立的"政治正确"而进行的"武装"，就适得其反了。考虑到残疾的定义，"障害者"的表述可能更为正确。关于这一点，我将在后面论述。

"郁结"的真面目

当我们笑着谈论残疾，便破除了"善意的屏障"。

因此，用残疾带来笑意的幽默，绝不是个人的逞强。虽然这与向行政部门提出建议、追求权利的市民运动不同，但它能让我们注意到存在于健全人心中的屏障。

这才是伴随着痛快而消失的"郁结"的真实面目。对残疾人的关怀固然很重要，但如果关怀过度，会带来完全相反的效果。这时，幽默突然登场。幽默能像按摩一样缓解紧张的关系，让健全人和残疾人在尊重彼此的文化差异之上沟通。

顺道一提，关于如何结合残疾与笑，已经有了各种各样的尝试。前文介绍的主要是日常会话中出现的幽默。为了让这种幽默成为一种娱乐方式，相关制度也在不断完善。

比如残疾人的搞笑节目。不仅是视障人士，许多残疾人都成了搞笑艺人，我们可以在NHK的综艺、资讯节目《无障碍SHOW》（バリバラ）中看到他们活跃的身影。还有《SHOW-1大赏》（SHOW-1グランプリ）里，患有脑麻痹和发育障碍的艺人登台表演漫才和漫谈。我个人最喜欢的是一位患有脊髓性肌肉萎缩症的艺人。在第五届大赏时，他的失败感言是"只会躺着的残疾人，这个人设不香啊……"，太令人佩服了。

此外，还有残疾人职业摔跤比赛。主持人拿残疾人开玩笑的话堪称炸裂。"你就是他们不想照顾的残疾人第一名！"等等，听来相当"刺耳"。主持人和摔跤选手坚实的信赖关系，猛烈冲击着"健全人心中的屏障"。

改变思维定式的启示

虽然偏离了本章的主题，但即使不是直接令人发笑的内容，也能破除善意的屏障。这是第四章中登场的"艺术鉴赏工作坊：与视障者共同创造"发起人林建太告诉我的例子。

事情发生在东京的原美术馆。林建太虽然能看见，但是为了举办工作坊，他提前和看不见的伙伴一起参观了法国艺术家苏菲·卡尔[①]的展览。展览的一大看点是作品《最后影像》（*Dernière Image*，2010）。

《最后影像》以卡尔自己的调查成果为基础创作而

[①] 苏菲·卡尔（1953— ），法国当代最重要的艺术家之一，擅长观念和装置艺术。

成。调查的内容如标题所示，她采访了十多名后天失明的人，了解他们最后看到的是什么。大多数情况下，这意味着让他们说出导致失明的原因。卡尔将采访结果以文字和照片的形式展示出来，与受访者的肖像照并列展示。

对于作为"亲历者"的看不见的人来说，这个作品无异于一种对峙。据说林建太一开始觉得这个作品过于刺痛人心。他应该亲口向同行的伙伴说明了那是怎样的作品，当时心情一定相当沉重吧。

然而，同伴对作品的理解，让林建太非常意外。对于展示在那里的各种回答，同伴们以一种"视力障碍者在表演自己的段子"般的心情，保持着相当大的距离来观赏——"这也太戏剧化了，很难共鸣啊""到底有几分是真的呢"等等。也就是说，他们并没有从残疾出发理解作品，而是关注作品中每个人的自我表达方式。

和林建太一起观看展览的视障人士，正因为和卡尔采访的人站在同一立场，是看不见的亲历者，所以能够轻松地破除屏障，纯粹地将这个作品当作艺术来看待。

借助这样的视点,林先生对同伴的顾虑和因作品而感到的刺痛都消解了,得以轻松地欣赏作品。

弗洛伊德举例的死刑犯"超越了自我,以俯瞰的视点观察自己的处境"。与自我存在保持距离是幽默的基本,但在上述例子中,残疾人所持有的距离感仍让健全人感到吃惊。明明是亲历者,却能异常冷静地面对残疾。他们的这种态度,抑或他们面对残疾时保持的距离,都能让健全人有所醒悟。

对看不见的人来说,这种距离感既是"理所当然",也是"日常"。我最初接触他们的方式便是,混入看不见的人的群体中。也就是说,我能够接触到他们自然的"日常"。现在回想起来,这真是一件幸运的事。如果是一对一接触,印象或许会大不相同。

当然,即使看起来是同一种残疾,每个人的状态也都是不一样的,其中也有想法的差异和对立。但对于没有这种经验的健全人来说,只要能够接触到残疾人和同伴交流中自然流露的"日常",就能得到足以改变思维定式的启示。

残疾是什么

最后,我想重新思考这个根本性的问题:残疾是什么。

"残疾人"一般被认为是"身有残缺疾病的人"。也就是说,"眼睛看不见""腿脚不方便""注意力不集中"等身体、智力、精神特征,都会被认为是"残疾"。

在实际接触残疾人的过程中,我对这种根深蒂固的刻板印象感到强烈不适。直截了当地说,这种意义上的残疾,意味着个人"做不到""能力欠缺"。正是这种"做不到""能力欠缺",让残疾成为人们认知中不能触碰的东西。

许多研究者指出,关于残疾"做不到""能力欠缺"的印象,是工业社会发展的产物。进入大量生产、大量消费的时代至今,人们追求如何快速、大量地制造统一的产品,劳动的内容也因此趋于一致。制造汽车时,如果 A 做的和 B 做的成品不一样,可就麻烦了。必须"由谁制作都一样",这意味着"可交换的劳动力"。

随着劳动的统一化,残疾人成了"做不到的人"。

在这之前的社会，残疾人也能分配到他们能做的工作。久而久之，人们不再关注"因为看不见所以能做到什么"，而将注意力集中到了"因为看不见所以做不到什么"上。

自1980年以来，世界各国开始对"残疾"的这种印象提出质疑。在此不详细介绍各种论争和事件的历史，但人们摸索出了一种不同于"个人能力不足"的看待残疾的方法。从中还诞生了一门新的学问——残疾学。

经过大约30年，在2011年公布并实施的日本《残疾人基本法修正案》中，是这样定义残疾人的："由于身体残疾和社会障碍，日常生活或社会生活持续处于相当程度的受限状态的人"。也就是说，社会障碍导致的日常生活和社会生活上的不便，被纳入残疾人的定义当中。

在传统观念中，残疾是属于个人的。但是，新的观点认为残疾的原因在于社会。看不见并不是残疾，因为看不见而无法做某事才是残疾。用残疾学的语言来说，就是发生了从"个人模式"到"社会模式"的转变。

"腿脚不方便"并不是残疾,"因腿脚不方便而不能一个人去旅行""腿脚不方便就得不到理想的工作,经济上不宽裕"才是残疾。

我在前面说过,我认为不应该改变残疾人的汉字写法。我这么想的理由,已经无须多言了吧。改变表述方式,不过是在逃避问题罢了。这种"关怀"的背后,是"个人模式"下的残疾。我认为,不如就将其表述为"残疾""障害",让社会自觉认识到其消极性更为重要。

不过,即使法律定义发生了变化,那也只是字面上的改变而已。残疾的社会模式之所以还没有深入人心,是因为整个社会缺乏包容残疾的想法和实践。正如第三章结尾所述,残疾与老龄化关系密切。因为人一旦上了年纪,或多或少都会有残疾。为了在日本即将经历的前所未有的超老龄化社会中生存下去,我们也必须探索接受残疾的方法。

但需要注意的是,即使社会方面存在障碍,也不是说只要从零开始全部消除就可以了。按照社会模式的定义,"无法选择意面酱汁"是一种"残疾"。但如果消除了这个障碍,就等于剥夺了看不见的人的幽默,以及这种幽默可能给社会带来的好处。

能自由地选择味道当然更好。但是，看不见的人和看得见的人的经验不可能百分百相同。看得见的人通过包装的视觉效果想象到的"味道"，和看不见的人通过包装的刻痕理解到的"味道"，绝对不是一样的。有时，重要的不是消除差异，而是利用差异、享受差异的智慧。

不管怎么说，"能让人知道是什么味道就好啦"，这种健全人单方面对看不见的人的价值观下结论的想法是最差劲的。正如通过语言进行艺术鉴赏的实践一样，我们有必要以"看不见"为催化剂，建立一个充满创造性的社会。

六

本书以"空间""感觉""运动""语言""幽默"为主题，阐明了看不见的人是如何"看"世界的。大家的"变身"情况如何呢？也许只存在于想象中，你是否觉得自己变成了看不见的身体，并试着感知世界、活动手脚呢？我希望大家能从摆脱"理所当然"的身体体验中，产生将残疾活用为催化剂的种种创意。

最后，我想对看不见的人、视力模糊的人说。在写这本书的过程中，我只采访了少数几个人。虽说都是"看不见的人"，但根据残疾的种类（怎样的看不见、看不清楚）、年龄、性别的不同，他们看世界的方法也各不相同。我的目的并不是写一本关于看不见的人的普遍论。"这里和我不一样""这里很好理解"等等，如果这本书的内容能像这样加入各位关于"看法"的对话里，那将是我的荣幸。

谢辞

在写这本书的过程中，我得到了很多人的帮助。特别是接受采访的木下路德先生、难波创太先生、白鸟建二先生、葭原滋男先生和广濑浩二郎先生。谈论自己的身体是件困难的事，非常感谢各位能以享受的姿态面对我，从与你们的对话中，我得到了很多启发。

另外，我也很感谢林建太先生和郑晶晶女士，他们不仅接受了采访，也在其他方面给我提出了宝贵的建议。此外，感谢网站"BONUS"的总监木村觉先生为我提供了连载随笔的机会，让我能从残疾的角度思考关于身体的问题。感谢福冈伸一先生对我的鼓励，还为我提供了关于太阳塔的建议。

最后，光文社的小松现先生和广濑雄规先生，感谢你们对我提出冷静的建议和热情的支持。

作为本书基础的部分采访内容，可以在下面的网站阅览。

http://asaito.com/research/

2015 年 3 月

伊藤亚纱

图书在版编目（CIP）数据

看见看不见的世界 ／（日）伊藤亚纱著；徐嘉忆，黎晓言译. -- 海口：南海出版公司，2024.6
ISBN 978-7-5735-0875-1

Ⅰ. ①看… Ⅱ. ①伊… ②徐… ③黎… Ⅲ. ①社会学－通俗读物 Ⅳ. ① C91-49

中国国家版本馆 CIP 数据核字（2024）第 059504 号

看见看不见的世界
〔日〕伊藤亚纱 著
徐嘉忆 黎晓言 译

出　版	南海出版公司　（0898）66568511
	海口市海秀中路51号星华大厦五楼　邮编 570206
发　行	新经典发行有限公司
	电话(010)68423599　邮箱 editor@readinglife.com
经　销	新华书店
责任编辑	张　锐
特邀编辑	朱文曦　杨　奕
营销编辑	李琼琼
装帧设计	韩　笑
内文制作	张　典
印　刷	北京盛通印刷股份有限公司
开　本	787毫米×1092毫米　1/32
印　张	6.5
字　数	95千
版　次	2024年6月第1版
印　次	2024年6月第1次印刷
书　号	ISBN 978-7-5735-0875-1
定　价	49.00元

版权所有，侵权必究
如有印装质量问题，请发邮件至zhiliang@readinglife.com

著作权合同登记号　图字：30-2024-093

《MENO MIENAI HITO WA SEKAI WO DO MITEIRUNOKA》
©ASA ITO 2015
All rights reserved.
Original Japanese edition published by Kobunsha Co., Ltd.
Publishing rights for Simplified Chinese character arranged with Kobunsha Co., Ltd.
through KODANSHA BEIJING CULTURE CO., LTD. Beijing.